U0111600

武術特輯
9

# 實用
# 跆拳道

陳國榮／編著

大展出版社有限公司
印行

# 序　　言

　　跆拳道是 50 年代由朝鮮半島興起的一項技擊運動。在短短的幾十年間，跆拳道已發展成為在 110 多個國家開展，擁有 2000 萬愛好者的體育項目，並且踏進了亞運會和奧運會的殿堂，成為第 10 屆亞運會的比賽項目和第 24 屆、25 屆奧運會的表演項目。其發展速度之快，令世人震驚，同時也引起了世界各地技擊愛好者的興趣。

　　跆拳道和中國武術有著不可分離的淵源關係，然而它在自身的發展過程中，不拘泥於傳統形式，在固有的傳統技擊術的基礎上，接受融合了其它武技的精華，從而走出了一條現代競技技擊的道路，較好地解決了傳統技擊轉變為現代競技體育的難題。跆拳道提倡「以禮開始，以禮結束」的尚禮精神，重技術、輕力量，充分體現腿技的精美藝術，觀賞性強，同時，減少了傷害，合乎體育運動的宗旨。跆拳道是一項易於普及，值得大力提倡的體育運動。

　　我第一次接觸此項運動，是 1986 年。是年，跆拳道創始人崔泓熙先生率領的朝鮮跆拳道代表團來我國作訪問表演，我有幸得到了由崔泓熙先生編著的一套跆拳道叢書，學習演練，受益匪淺。以後便注意收集有關跆拳道的資料，加以分析研究。1988 年，我曾在《中華武術》雜誌上對跆拳道運動作過簡

介。1990 年赴菲律賓援外教學期間，有了較多的機會觀摩跆拳道館的訓練，對跆拳道的技術也有了深入的研究，遂萌發了要將跆拳道運動較為系統地介紹給我國讀者的願望。回國後，恰逢人民體育出版社計劃出版一套《國際搏擊叢書》，便全身心地投入到本書的編寫之中。跆拳道的內容十分廣泛，本書難以面面俱到，包羅萬象，但力圖使讀者既能了解其概貌，又能獲取其精髓。由於本人對跆拳道研究水平有限，難免有所疏漏或把握不準不處，懇請廣大讀者予以指正。

在中國武術衝出國門，走向世界的今天，我們也應敞開更大的胸懷，迎接世界各種優秀武技的到來。深信我國開展跆拳道運動必定大有作為，中國台北選手在第 25 屆奧運會上勇奪三枚跆拳道表演的金牌，就是最好的例證。

陳國榮

1992 年 4 月

# 目　　錄

# 一、跆拳道概述

　　跆拳道，是一項運用手腳技術進行搏擊格鬥的朝鮮民族傳統的體育項目。它由品勢（拳套）、搏擊、功力檢驗三部分內容組成。跆拳道表達了人類的生存意識，同時，將精神上的追求化爲具體化的體育活動。

## ㈠跆拳道簡史

### 1.跆拳道的起源

　　遠古時代的人們，不管生活在何處，爲了獲得食物和抗擊外族侵略及野獸襲擊，都不得不發展自身的技術以求生存。朝鮮的武術正是在這種生存需要中萌芽產生的。經過漫長的歲月，人們的本能的自衛活動逐漸演化爲有意識的技擊活動，進而產生了朝鮮最早的技擊形式——跆跟（跆拳道的古稱）。這種形式的產生可以追溯到高句麗時代。

　　高句麗時代的古墓，角觗塚、舞蹈塚及三室塚的玄室壁畫上，已有了跆拳道的原形畫面。角觗塚的壁畫上繪有兩名男子互相摟抱臂膀進行摔角的姿勢；舞蹈塚的壁畫上描繪了高句麗人的生活情況和婦女的舞蹈姿勢；三室塚玄室的天花板上畫有兩名男子做跆拳道格鬥的姿勢。對於這一現象，日本一名歷史學家在他的《古代朝鮮文化研究》一文中認爲：「壁畫中的跆

拳道動作告訴我們，人們練習跆拳道和唱歌跳舞一樣，是爲了
安慰死者的靈魂。」歐美的文化是石造文化，所以能將歷經戰
火摧殘的數千年文化保存至今。而東方的木造文化，經過戰火
的洗劫大都成爲灰燼。因此在古墓的壁畫中發現跆拳道的遺
跡，是非常珍貴的。它足以證明，在當時就有類似跆拳道的活
動存在，而且十分盛行。

　　爲了準備戰事，高句麗王朝制定了選士制度，通過競技選
撥那些武藝高強、膽識過人的鬥士。每年在三月至十月間，要
組織一個盛大的節日，節日中有各種豐富多彩的活動，有劍
舞、射箭、跆跟等項目的表演。另外，還組織搏擊比賽，格鬥
雙方先跳入刺骨的冰水中，再進行格鬥，比賽結束時，勝利者
被授予「Sun Bae」的榮譽。當時的武士必須接受跆拳道的訓
練，這點從三室塚的壁畫──「武士攻城圖」上可以得到證實。

　　據考，這一時期，已出現了「手搏」一詞。

## 2.新羅時代的花郎制度和跆拳道

　　新羅建國比高句麗早，是一個以現在的慶尙道地區爲中心
的小國家，但持續的時間很長。新羅建立了「花郎制度」。由眞
興王親自創立的「花郎制度」的組織「花郎道」，其宗旨是「事
君以忠、事親以孝、交友以信、臨戰無退、殺身有擇。」「花郎
道」組織年輕人聚集在一起祭神、切磋武藝、磨練意志。這種
制度造就了一批英勇無畏的勇士，保衛了新羅，成爲新羅繁榮
的原動力。

　　新羅的武士們經常舉行射箭、踢球、角觝、手搏、騎馬、
射箭、狩獵、秋千等活動。這種將軍事技能或歌舞變爲體育化
的活動，統稱爲「嘉俳」。嘉俳是自 7 月 16 日起至 8 月 15 日結
束的一種民族祭典。

新羅雖然是佛教國家，但大多數的僧侶都是花郎出身（這可以從石窟庵守門佛像的金剛力士的跆拳道姿勢得到證明）。跆拳道在新羅時期是非常受重視的。在描寫新羅風俗習慣的《帝王韻記》一書中就有跆拳道活動的記載：兩個人直立互相用腿踢擊，形式有互相踢腳、互相踢肩和互相踢髮髻三種。另外，還記載有手打、拳白、打擊等活動。另據《史記》、《古事》等書的記載，這些技法在新羅、高句麗、百濟等國都非常普級。

### 3.百濟的武藝

在高句麗、新羅、百濟三國互相對抗的時代，百濟在武藝方面的史料雖然不多，但亦留下了有關的記載。據《三國史記》記載，阿莘王等很多國王為了推崇尚武精神，要求全國的國民都操習馬術、射箭、跆跟等武技。百濟本紀的第三阿莘王朝，每年九月，全城的人在西台舉行射箭大會，進行各種武藝活動。不論是官吏、軍人還是庶民，都要學習武藝。同時也有「手臂打」的記載。「手臂打」是使用手腳進行格鬥，這種技法被軍隊和百姓普遍使用。另外，還舉行「便戰戲」的競賽，所謂便戰戲是盛行於智異山周圍的民俗競賽。這種競賽分兩組，運用類以跆拳道的技法進行比賽。

### 4.高麗時代的手搏戲

高麗王朝的軍隊英勇善戰，打敗了許多侵略者。忠惠王本人就十分喜愛手搏，他要求士兵必須進行「手搏」的練習。士兵們常用拳掌擊打牆壁或木塊、磚瓦，以磨練手部的攻擊能力。忠惠王還邀請了武藝超群的士兵金扼郁進宮表演手搏，積極推崇「手搏」，從而使「手搏」名聲大振，受到廣大民眾的喜愛。

在高麗時代，每逢春節、端午節和中秋節，都要舉行大型慶典，舉行各種體育活動，其中尤以端午節最爲隆重，有手搏、馬球等多種活動。

經過高麗時代，「手搏」變得更加流行，技術進一步得到了提煉和完善。

### 5.李朝時代的武藝

1392 年，高麗王朝被李朝代替。由於李朝推崇佛學，重文輕武，文官的地位遠遠高於武臣。這一時期朝鮮的武術活動沒有大的發展。但在民間卻始終沒有停止過「手搏」和「跆跟」的練習。同時，軍隊也用「手搏」作爲選擇士兵的手段。若想做武官，必須打倒三人以上。

據《東國輿地勝覽》記載，李朝也有在節日裡進行「手搏」的活動。在全羅道和清忠道交界的鵲旨村，兩道的人民經常舉行跆拳道的比賽。同時，李朝的軍隊也用跆拳道抗擊外來侵略。據載，在壬辰、丁酉的倭亂（文祿、慶長之役）中，在金山有七百多義勇軍就是使用跆拳道和倭兵進行戰鬥的。

1790 年，正祖委派李德懋將軍和學者朴齊家、白東脩三人匯編了《武藝圖譜通志》。這本書收錄了「手搏」、「跆跟」等一些武技的方法、動作圖解及多種武器使用方法。《武藝圖譜通誌》將許多武技融於跆拳道的技法之中。

### 6.近代的跆拳道活動

1909 年，日本侵占朝鮮後，李朝滅亡、1910 年，日本人建立了殖民政府，新政府禁止所有的朝鮮文化活動，跆拳道也在禁律之內。這期間，跆拳道幾乎絕跡。當時，許多朝鮮人遠離故鄉，到中國或日本謀生，因此，跆拳道融於其它的武術形式中才得以延續下來。著名的跆拳道領導人崔泓熙將軍就曾留

學日本，並獲空手道黑帶初段。雖然朝鮮禁武，但仍有人在秘密進行跆拳道的練習。

1945 年，朝鮮獨立後，國家的政治、社會面貌發生了新的變化，自衛術再度興起，留落海外的朝鮮人也將各地的武技帶回本國，和跆拳道融於一體，從而形成了現代跆拳道的體系。

當時在朝鮮，自衛術的名稱很亂，諸如跆跟、手搏道、空手道、唐手道和其它名稱等等。為了使朝鮮自衛術得以正規發展，拳師們都認為必須有一個統一的名稱。1955 年，跆拳道的領導人終於將朝鮮的自衛術統稱為「跆拳道」。跆 (TA)，意指用腳踢踹；拳 (KWON)，意指用拳擊打；道 (DO)，即指使用手腳的方法。由於跆拳道易學易練，且運動十分激烈，故深受人們的喜愛，很快在朝鮮得到了普及，同時，在海外也得到了廣泛的傳播。

1961 年 9 月朝鮮成立了唐手道協會（後更名跆拳道協會），第二年被接納為朝鮮業餘體育協會的會員，首次列為全國運動會的正式比賽項目。1966 年，成立了第一個國際組織──國際跆拳道聯盟，崔泓熙任主席，後因多種原因，於 1972 年遷移到加拿大的多倫多。

1973 年 5 月，世界跆拳道聯合會在漢城成立，金雲龍當選為主席。在金雲龍的積極努力下，1975 年，世界跆拳道聯合會被接納為國際體育聯合會的會員。1980 年，國際奧委會正式承認了世界跆拳道聯合會。

在短短的十幾年中，跆拳道得到了空前的發展。目前，世界上約有 110 個國家，2000 萬之眾的愛好者參加跆拳道的練習。跆拳道於 1986 年被列為第 10 屆亞運會的比賽項目，1988 年被列為漢城奧運會的表演項目。

今天的跆拳道已不只是一種具有較高攻擊能力的技擊術，而且還是一種精巧的藝術和健身的良方。

## (二)跆拳道的特點

跆拳道是朝鮮民族傳統的體育項目，具有其鮮明的特點：

### 1.手腳並用，以腿為主

跆拳道是以腿法為主的技擊術，腿法所占的比例高達70％。跆拳道理論認為，在人體四肢中，腿的力量遠高於手的力量，因此提倡腿法的運用。在比賽中，手法往往只用於防守格擋，進攻時主要運用腿法的踢踹，且規則規定，腿法的得分要優於手法。腿法是最重要的得分手段。跆拳道以其靈活多變、豐富精妙的腿法著稱於世。

### 2.以剛制剛，直來直往

在實戰競技中，跆拳道極少採用閃躲防守的方法，而多以格擋防守，以剛制剛，直接接觸，方法比較簡練硬朗。進攻時，多採用直線的連續進攻，以快速連貫的腿法組合擊打對手，令人防不勝防。

### 3.功力測驗，方法獨特

跆拳道理論認為，經過訓練，手腳所發揮的威力是令人生畏的，因此，不能直接運用到競技比賽中，而只能用那些沒有生命的物體，如木板、磚瓦來作目標，以檢驗一名選手的功力程度。功力的測驗已是跆拳道訓練、晉級考核，乃至表演、比賽的一個重要內容，成為其固有的特點之一。

## (三)跆拳道的作用

### 1.修身養性

　　跆拳道推崇「以禮開始，以禮結束」的尚武精神。其宗旨是「禮義廉恥，忍耐克己，百折不屈」。通過跆拳道的訓練，可以培養人的頑強、果斷、堅毅的精神，錘煉人摒棄軟弱、怯懦而敢於積極向上的品行，同時，養成禮讓、謙遜、寬容的高尚品德。跆拳道對培養健康的人格、品性具有很大的作用。

### 2.健體防身

　　跆拳道運動激烈，對抗性強。它對提高人體的速度、力量、靈敏、耐力等身體素質，提高內臟器官的機能，特別是對提高神經系統的靈活性有明顯的作用。通過跆拳道的攻守練習，還可以學習掌握防身自衛的技術，提高應變能力，從而使人臨危不懼，克敵制勝。

### 3.競技觀賞

　　跆拳道是一項對抗性很強的運動，競賽中雙方選手不僅較力鬥勇，而且更講究較技鬥智，尤其是跆拳道的精妙高超的腿法，具有極高的觀賞價值。人們在觀看跆拳道比賽時，可以享受一種擊打藝術的美感。

# 二、跆拳道的使用部位

## ㈠　拳

拳，用於攻擊面部、胸部、腹腔神經叢和腹部。

圖 1

拳的握法：四指併攏捲緊，拇指壓於食指和中指的第二指節處（圖1）。

1.拳背（逆拳）：拳背是指中指和食指的掌指關節處（圖2），當屈肘向或側向，使用拳背效果最好。

圖 2

2.鍾拳：鍾拳是指小指到手腕間的肌肉部分（即拳輪，圖3）。用鍾拳從外向裡或從上向下劈擊最有效。

圖 3

3.平拳：手指的第二指節彎曲，指尖貼緊手掌，拇指扣於虎口處（圖4）。用第二指節衝擊對手的上唇或頸部。

圖 4

4.指節拳：指節拳是中指或食指從正常的拳中凸出（圖5、6）。運用此拳擊打上唇、太陽穴及兩肋、腹腔神經叢效果很好。

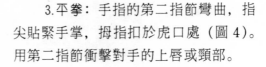

圖 5

圖 6

## (二)　掌

1.手刀：手刀是指四指併攏伸直，拇指屈曲貼靠食指的掌指關節處後的掌外沿（圖7）。手刀主要用於砍擊。

圖 7

2.逆手刀：逆手刀是指手刀的對側，拇指和食指的掌指關節部分（圖8）。逆手刀主要用於砍擊下頦、頸部、肋部，有時也用於防守。

圖 8

3.掌根：掌根是指四指併攏屈曲，手指貼緊手掌，拇指扣於虎口處，屈腕後，手掌的拇指球和小指球的部分（圖9）。掌根主要用於擊打面部或下頦。有時也用於防守。

圖 9

4.插指（貫手）：插指做法與手刀相似，但要求中間兩指微屈（圖10）。運用時，用掌指插擊。插指可分縱插、仰插、俯插等幾種。

圖 10

5.弧形手：拇指展開微屈，四指併攏，第一指節微屈，掌成弧形（圖11）。弧形手主要用於掐擊頸部，有時也用於防守。

圖 11

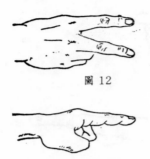

圖 12

圖 13

6.剪形指：伸展食指與中指，兩指略微分開，拇指壓於無名指的第二指節處（圖12）。剪形指主要用於插擊兩眼。

7.單插指：食指伸直，其餘四指捲曲，拇指壓於中指的第二指節處（圖13）。單插指主要用於插擊眼睛。

(三)　臂

1.腕部：腕可分為外腕（圖14）、內腕（圖15）、背腕（圖16）和手腕（圖17）四個部分。腕部主要用於防守格擋。

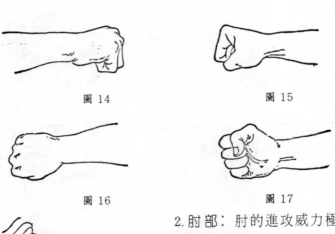

圖 14

圖 15

圖 16

圖 17

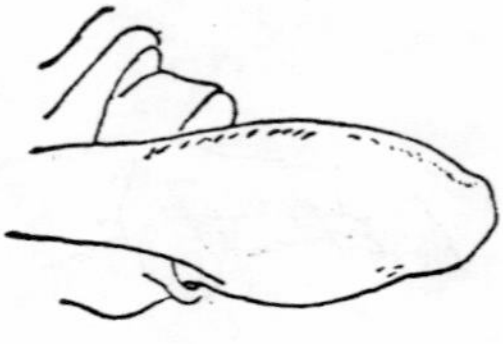

圖 18

2.肘部：肘的進攻威力極大，它有四種基本的用法，即向上挑肘、向下壓肘、橫擊肘和後頂肘（圖18）。

### ㈣　足和腿

1.足前掌：足前掌一般用於前踢
和旋踢（圖 19）。

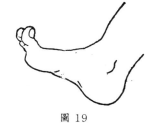

圖 19

2.足刀：足刀指腳的外側部分，
一般用於側踹（圖 20）。

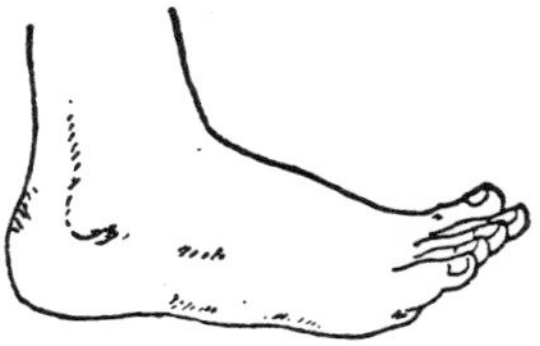

圖 20

3.足背：足背一般用於轉踢和擺
踢（圖 21）。

圖 21

4.足後掌：足後掌一般用於轉踢
和蹬踢（圖 22）。

圖 22

5.足跟：足跟一般用於後蹬和轉
身後擺（圖 23）。

圖 23

圖 24

6.膝部：膝部一般用於擊打面部、腹腔神經叢、腹部和襠部（圖 24）。

# 三、跆拳道的基本步型和步法

## (一)　基本步型

1.並步勢：並步勢有兩種。

(1)兩腿直立，兩腳跟併攏，兩腳尖外展45°；兩臂握拳自然下垂（圖25）。

圖 25

(2)兩腿直立，兩腳內側貼緊站立（圖26）。

圖 26

圖 27

### 2.準備勢

兩腳開立與肩同寬，兩腳尖外展 22.5°左右；兩臂握拳置於腹前（圖27）。

圖 28

### 3.開立步

兩腳開立與肩同寬，兩腳尖正對前方；兩臂握拳置於體側（圖28）。

圖 29

### 4.馬步

兩腳開立寬於肩，兩腳尖平行或略內扣；挺胸直腰，上身保持不動；兩腿屈膝半蹲，重心落於兩腳的中間（圖29）。

### 5.斜馬步

在馬步的基礎上，身體微側轉；兩腿屈膝，兩腳略微內扣；重心落於前腳上（圖30）。

圖 30

### 6.弓步（前屈立）

兩腳相距約一步半，前腿屈膝，後腿伸直，後腳尖與前腳的延長線成30°；前腿膝蓋和腳尖垂直（圖31）。

圖 31

### 7.三七步（後屈立）

兩腳相距一步，後腳尖外展90°，屈膝半蹲，前腿膝關節自然彎曲，前腳腳掌著地，腳尖朝前；重心落於後腳（圖32）。

圖 32

圖 33

### 8.前行步

兩腳的姿態和弓步相似,步幅和自然行走時相同,上體稍前傾,重心落於兩腳之間(圖33)。

### 9.虎足步(虛步)

圖 34

做法和三七步相似,但要求前腳腳前掌點地,腳跟提起;兩腿膝關節微內扣;重心落於後腳(圖34)。

### 10.後插步(後交叉步)

圖 35

一腳向另一腳的後側落步,腳尖點地;兩腿屈膝交叉(圖35)。

### 11. 前蓋步（前交叉步）

一腳向另一腳的前側落步，腳尖著地；兩腿屈膝交叉（圖 36）。

圖 36

### 12. 鶴立步

一腿直膝站立，另一腿屈膝上提，成獨立勢（圖 37）。

圖 37

### 13. 扣腿獨立步

一腿直膝站立；另一腿屈膝，腳面貼扣於支撐腿的膝膕（圖 38）。

圖 38

練習基本步型的要求：

1.兩肩放鬆，保持脊背正直。

2.保持身體重心的平衡。

3.兩眼注視對手，保持正確的姿勢。

4.在進行攻防動作時，腰腹肌肉保持緊張。

5.兩腳必須保持適當的距離。

6.身體重心要保持在正確的位置上。

## ㈡　基本步法

跆拳道是一種以腿法爲主的武技，步法的運用對於保證充分發揮腿法的威力具有重要的意義。腿法使用時多以後腿進攻，因此跆拳道的步法有鮮明的特點，即重心落於兩腿之間或略偏於前腿，且大都身體側向，以便使後腿通過擰腰轉髖發力，增加擊打的力量。

1.進步

(1)兩腳開立成斜馬步；身體側向；兩手握拳置於胸前成準備姿勢（圖 39）。

(2)後腳向前上一步，身體側轉成另一側斜馬步（圖 40）。

圖 39　　　　　　　　圖 40

要點：上步時重心不宜提起，通過擰腰轉髖完成。落步後處於能使後腿立即起腿完成擊打動作的態勢。

2.退步

準備姿勢同進步，惟移動方向不同。前腳向後退一步，身體側轉，成另一側的準備姿勢。

要點：以後腳爲軸，前腳後退一步後，立即施以腿法。

3.跳換步

準備姿勢同進步；兩腳蹬地騰空，兩腳前後交換；同時轉體。落地後成另一側的準備姿勢（圖41、42）。

要點：跳換步的騰空不宜高，略離地即可。換步時要擰腰轉髖，迅速靈活。

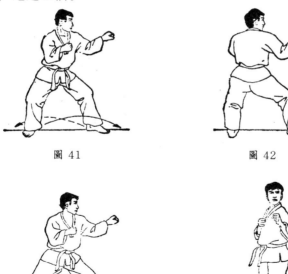

圖 41　　　　　　　　圖 42

圖 43 　　　　　　　　圖 44

4.側移步

準備姿勢同進步；以前腳為軸，後腳向左（或向右）側向移動（圖43、44）。

要點：以前腳碾轉，移動迅速，重心偏於前腳。

5.躍步

準備姿勢同進步（圖45）。

⑴前腳向前上半步，隨即蹬地起跳；後腳跟著蹬地前躍，身體騰空前移（圖46）。

⑵後腳落地，前腳再向前落步，成準備姿勢（圖47）。

要點：躍步要遠，落地要穩。重心前移，為後腿發力作好準備。

圖 45

圖 46

圖 47

# 四、跆拳道的基本技術

## ㈠　拳　法

在跆拳道比賽中，拳法是一種非常重要的技術。運用拳法時，拳必須握緊，動作發力要迅猛短促，完成擊打動作後要立即回收，以免被對方抓住手臂或手腕。下面介紹幾種主要的拳法。

### 1.衝拳

⑴兩腳開立，與肩同寬；兩手握拳收於腰間，拳心朝上（圖48）。

圖 48

⑵左腳向前上步成左弓步；同時，右拳從腰間由屈到伸，臂內旋向前平衝，用拳面擊打對手的身體（圖49）。除前衝拳外，還有側衝拳、後衝拳。

圖 49

圖 50

## 2.抄拳（勾拳）

(1)左腳上步成三七步；同時，左手向前抓握對手的衣襟，右手握拳收於腰間（圖 50）。

圖 51

(2)兩腳不動；左手抓襟回拉；同時，右拳從腰間由下向上用拳面擊打對手的下頦（圖 51）。

## 3.彈拳

(1)兩腳開立，身體右轉；兩手握拳，兩臂屈肘置於腹前，右拳在外，左拳在內，兩拳心均朝下（圖 52）。

圖 52

(2)左腳向前上步成左弓步，身體左轉；同時，左臂屈肘上提至胸前後，翻肘，以左肘關節為軸用拳背彈擊對手的上唇人中處或面部（圖53）。

圖 53

### 4.鞭拳

(1)兩腳前後開立；左手握拳，左臂屈肘上提至肩高，左拳置於右肩前方，拳心朝內；右手握拳收於腰間（圖54）。

圖 54

(2)左臂以肘關節為軸，由裡向外，用拳背鞭打對手的面部或胸部（圖55）。

圖 55

圖 56

### 5.截拳

(1)兩腳開立，身體微右轉；同時，左手握拳，左臂屈肘上提，左拳置於右肩上方，拳心朝內；右手握拳收於腰間（圖 56）。

圖 57

(2)左腳向前上步成左弓步；同時，左臂以肘關節爲軸，臂內旋向前，用拳輪橫擊對方的面部、胸部或肋部（圖 57）。

### 6.劈拳

(1)兩腳開立；同時，左手握拳置於腹前，拳心朝內，右手握拳收於腰間（圖 58）。

圖 58

(2)兩腳不動；左臂由下向上向左直臂搶劈，用拳輪劈擊對手的頭部、頸部或胸部（圖59、60）。

圖 59

圖 60

## ㈡　掌　法

由於跆拳道的比賽，規定參賽選手必須戴拳套，不能使用掌法，因此，掌法多用於防身自衛實戰之中。

### 1.砍掌（手刀）

(1)兩腳開立；右劈屈肘上舉，右掌置於右耳旁；左手握拳收於腰間（圖61）。

圖 61

(2)右腳向前上步成右弓步；同時，右臂由屈到伸向前橫砍，用手刀砍擊對手的頸動脈處，掌心朝上（圖62）。

砍掌分仰掌砍擊、俯掌砍擊。

圖62

## 2.插掌（貫手）

(1)兩腳開立；兩手握拳收於腰間，拳心朝上（圖63）。

圖63

(2)右腳向前上步成右弓步；同時，右拳變掌，掌指朝前，從腰間由屈到伸向前插擊，用掌指末端插擊對手的腹腔神經叢（圖64）。

插掌可分為立插掌和平插掌。

圖64

### 3.弧形手掐擊

(1)兩腳開立；兩手握拳收於腰間，拳心朝上（圖65）。

圖 65

(2)右腳向前上步成右弓步；同時，右拳變弧形手，手心朝下，向前掐擊對手的咽喉（圖66）。

圖 66

### 4.掌根推擊

(1)兩腳開立；兩手握拳收於腰間，拳心朝上（圖67）。

圖 67

圖 68

(2)右腳向前上步成右弓步；同時，右拳變虎爪（四指併攏，第二指節捲曲，拇指扣於虎口處，屈腕），從腰間向前推擊，用掌根擊打對手的面部（圖68）。

### (三)　肘　法

肘法多用於近距離擊打對手的頭部、上唇、頦部、腹腔神經叢等部位。由於肘關節的骨結構特點，其擊打的力度大，威力亦大。受擊者易受傷。

#### 1.擊肘

圖 69

(1)兩腳開立；右手握拳，右臂屈肘於右腹前；左手附於右拳面（圖69）。

(2)右腳向前上步成右弓步；同時，右臂以肘尖領先由外向裡弧形擺動，用肘部橫擊對手的腹腔神經叢（圖70）。

圖 70

擊肘時要儘量將身體重量作用到肘部，增加擊肘的力量。

### 2.挑肘

⑴兩腳開立；兩手握拳收於腰間，左拳拳心朝上；右拳拳心朝下（圖71）。

圖 71

⑵左腳向前上步成左弓步；同時，右臂屈肘夾緊，以肩關節為軸，用肘尖向上挑擊對手的下頦（圖72）。

挑肘時，要擰腰順肩，以增加挑肘的距離。

圖 72

### 3.頂肘

⑴左腳開立側向；左手握拳，左臂屈肘置於右胸前，拳心朝下；右臂屈肘，右掌貼附左拳拳面（圖73）。

圖 73

圖 74

(2)左腳向左側橫邁一步成左弓步；同時，左臂屈肘，用肘尖向前頂擊對手的胸部（圖74）。

頂肘時，右掌要用力推擊左拳面，以加快頂肘的速度，增加頂肘的撞擊力。除側頂外，還有後頂肘。

#### (四)　膝　法

跆拳道的膝法主要是撞膝。

(1)左腳上步成左弓步；同時，雙手抓握對手的頭或雙肩（圖75）。

圖 75

圖 76

(2)雙手抓住對手的頭或雙肩下壓，使其身體前傾；同時，右腿屈膝上提，用膝部衝撞對手的頭部或腹腔神經叢（圖76）。

撞膝時，兩臂的下壓和右膝的上頂要協調一致，產生一種合力，以獲得更好的擊打效果。

### ㈤　腿　法

跆拳道以其豐富多變、優美瀟灑的腿法著稱於世，被稱爲是一門踢的藝術。

跆拳道的腿法講究技巧，對柔韌性、穩定性和靈敏性要求很高。腿法是最主要的得分手段，在比賽中腿法的使用占 70 % 以上。

跆拳道有站立踢、助跑踢、轉踢和飛踢等各種不同類型的腿法，而且每種腿法使用的擊打部位各有不同。一般使用的部位有足前掌、足趾、足背、足刀、足跟和足內側等。

在實際運用腿法時，要瞄準目標，目測距離。踢腿時，支撐腿站穩，保持身體平衡，兩手做好防守姿勢。踢腿後要立即回收，以免被對手抓住腿腳，並迅速恢復成準備姿勢。

圖 77

#### 1.前踢腿

⑴面對目標，兩腳前後開立，左腳在前；兩拳握拳做好準備姿勢（圖 77）。

⑵右腿向前上方踢擺，屈踝，用足前掌踢擊對手衝拳的前臂；支撐腿微屈（圖 78）。

前踢一般用於防守。

圖 78

圖 79

### 2.外擺腿

(1)面對目標，兩腳前後開立，右腳在前；兩手握拳做好準備姿勢（圖 79）。

(2)左腿向右前、右上方弧形擺踢，用足跟擺擊對手的頭部（圖 80、81）。

圖 80

圖 81

運用這種腿法時，要快速有力，充分運用腰腹的力量，並要求有良好的柔韌性。

### 3.裡合腿

(1)面對目標，兩腳前後開立，左腳在前；兩手握拳做好準備姿勢（圖 82）。

圖 82

(2)右腿直膝由外向裡弧形上擺，腳面繃平，腳高過頭（圖83、84）。

圖83

圖84

(3)當腳擺至頭上方後突然變向，用足跟或足底，下砸對手的頭部或肩部（圖85）。

這是跆拳道中別具特色的一種腿法，難度較大，要求選手有很高的肌肉控制能力。

圖85

### 4.前彈腿

(1)面對目標，兩腳前後開立，左腳在前；兩手握拳做好準備姿勢（圖86）。

圖86

(2)右腿屈膝上提，腳面繃平（圖87）。

圖87

(3)右腿由屈到伸向前彈射，用足趾彈擊對手的下腹（圖88）。

圖88

這種腿法可以運用足前掌、足背或足趾彈擊面部、下頦、腹腔神經叢、腹部或膝關節，使用面比較廣。

### 5.旋踢腿（橫擺腿）

(1)兩腿前後開立，左腳在前；兩手握拳做好準備姿勢（圖89）。

圖89

(2)身體左轉，左腳外展；同時，右腿屈膝上提，收至腰間，腳面繃平（圖90）。

圖 90

(3)上體側傾；右腿以膝關節為軸，由屈到伸弧形擺踢，用足背踢擊對手的頭部（圖91）。

圖 91

這種腿法，要求有很好的控制力和平衡能力。發力要脆快，力點要準確。

### 6.側踹腿

(1)面對目標，兩腳前後開立，左腳在前；兩手握拳做好準備姿勢（圖92）。

圖 92

圖 93

(2)左腳外展，身體隨之左轉；同時，右腿屈膝上提，腳尖勾緊（圖 93）。

圖 94

(3)上體側傾；右腿繼續上提，並由屈到伸，用足跟踹擊對手的咽喉（圖 94）。

這種腿法還可以用於踹擊腹腔神經叢、腹部、肋部和膝關節等部位。

使用側踹腿時，要充分發揮腰腹的力量。保持腰腹肌肉的緊張，以維持身體的平衡。

### 7.鞭腿

(1)兩腳前後開立，左腳在前；兩手握拳做好準備姿勢（圖 95）。

圖 95

(2)左腳外展，身體隨之左轉；同時，右腿屈膝上提，腳尖勾緊（圖96）。

圖 96

(3)上體側傾；同時，右腿由屈到伸，由外向裡弧形上擺（圖97）。

圖 97

(4)接著，右腿突然屈膝，用腳掌鞭打對手的面部（圖98）。

圖 98

這種突然變向的鞭打腿法，隱蔽性強，動作突然，使對手防不勝防。使用者必須有很好的柔韌性和腰腹力量。

### 8.轉身後擺腿

(1)面對目標，兩腳前後開立，右腳在前；兩手握拳做好準備姿勢（圖99）。

圖 99

(2)左腳外展，右腳內扣；身體隨之左轉，背對目標，眼視對手（圖100）。

圖 100

(3)右腿支撐；左腿直腿以髖關節為軸，向後上方弧形擺踢，用足跟掃擊對手的面部（圖101）。

圖 101

　　由於這種腿法幅度大，速度相對要慢些。為了獲得更好的擊打效果，必須快速轉身，加大轉動慣量，以髖關節發力，直膝後擺，從而增加擺腿的力度。

### 9.後蹬腿

(1)面對目標，兩腳前後開立，右腳在前；兩手握拳做好準備姿勢（圖102）。

圖 102

(2)左腳外展，右腳內扣；身體隨之左轉，眼視對手（圖103）。

圖 103

(3)右腿支撐；左腿屈膝上提，腳尖勾緊，眼視對手（圖104）。

圖 104

⑷左腳由屈到伸向後蹬擊，用足跟蹬擊對手的腹腔神經叢（圖105）。

圖 105

由於這種腿法的特殊動作結構，要求在後蹬時展腹、展髖，以獲得擊打目標所需的高度，同時要有良好的控制能力，以保持身體平衡。

跆拳道除了上述基本腿法外，還有許多結合助跑的騰空腿法，如騰空前踢、騰空側踹、騰空旋踢、騰空後擺和騰空雙踢等等。這些騰空腿法的應用十分廣泛，且極具威力。

## ㈥阻擋技法

由於在跆拳道的防守中很少採用閃躲防守，而多運用格擋技術，以剛制剛，充分顯示手臂的威力，因此阻擋技術在跆拳道的防守中占有很重要的位置。

實施阻擋技術時，要正確判斷與對手間的距離、對手擊打的速度及使用的方法，根據具體情況，採用相應的格擋動作。同時要掌握格擋的時機，過早過晚都將失去意義。此外，要注意正確使用格擋的部位，以免受傷。格擋不是最後的目的，而是應急的手段。因此，格擋要立即反擊，由被動變爲主動。

跆拳道的阻擋技術根據身體姿勢和防守的位置可分爲高阻、中阻、低阻三種。如頭部的格擋動作稱爲高阻，軀幹部位

的格擋動作稱爲中阻，軀幹以下的格擋動乍稱爲低阻。

### 1.單臂低阻

⑴兩腳開立，面對目標；
兩手握拳，右拳置於腹前，左
臂屈肘，左拳置於右肩前，拳
心朝裡（圖106）。

圖 106

⑵左腳向前上步成左弓步；同時，
左臂由屈到伸向斜下外截，用外腕格
擋；右拳收於腰間（圖107）。

圖 107

單臂低阻可以握拳下截，也可用手刀下截。一般用於防守
對手的低腿。

### 2.雙臂低阻

⑴左腳上步成三七步；兩手握拳，
右臂直臂向右上擺，置於右肩上方，左
臂屈肘，左拳置於右胸前，拳眼朝上
（圖108）。

圖 108

圖 109

(2)左臂由屈到伸向斜下外格，用外腕格擋；右臂隨之外旋下擺，右拳置於腹前，拳心朝上（圖 109）。

圖 110

這種雙臂低阻是跆拳道的獨特格擋法，它實際上還是單臂格擋，而另一手臂則隨格擋的手臂下擺，然後橫置於體前作防守。非格擋臂的擺動動作與實際格擋臂的緊密配合，可以使格擋更有力，更堅固。

雙臂阻也可以用手刀格擋。

### 3.向下交叉臂阻

(1)面對目標，兩腳開立；兩手握拳收於腰間（圖 110）。

(2)左腳向前上步成左弓步；同時，兩臂交叉置於腹前，右拳在上。然後，將交叉的兩臂向下推擊（圖 111）。

圖 111

　　向下交叉臂阻主要是防守對手的前踢或前彈腿。格擋時，身體下沉，以增加下截的力量。

### 4.臂向內中阻

　　(1)右腳後退一步成三七步；兩手握拳，左臂屈肘上提，左拳置於左肩上方，右拳收於腰間（圖112）。

圖 112

　　(2)左臂外旋，屈肘，用外腕向內格擋，拳心朝內（圖113）。

圖 113

　　向內格擋要求合肩固肘，發力完整。主要用於防守對手的衝拳。

### 5.按掌中阻

　　(1)兩腳開立，兩手握拳收於腰間（圖114）。

圖 114

(2)左腳上步成左弓步；同時，左拳變掌屈肘前推，接著迅速翻掌下按，置於腹前（圖115）。

圖 115

按掌用於阻截前彈腿等。

### 6.雙臂外格中阻

(1)兩腳開立；兩手握拳，兩臂屈肘，兩拳交叉於胸前，右拳在外，兩拳拳心朝心（圖116）。

圖 116

(2)左腳上步成左弓步；同時，兩臂內旋，由裡向外格擋，兩臂與肩同寬，拳眼相對（圖117）。

圖 117

### 7.單臂向上高阻

⑴兩腳開立；身體微右轉，兩手握拳，兩臂屈肘，兩拳相交置於右腹前（圖 118）。

圖 118

⑵左腳上步成左弓步，身體隨之左轉；同時，左臂內旋向額前上架，用前臂阻擋；右拳收於腰間（圖 119）。

圖 119

上架動作要迅速準確，不宜過高，一般要求拳距額前約一拳。同時要頂肩固肘，形成堅固的防守。這種防守動作也可使用手刀上架。

### 8.雙交臂向上高阻

⑴兩腳開立；兩手握拳收於腰間（圖 120）。

圖 120

圖 121

(2)左腳上步成左弓步；同時，兩臂屈肘相交於胸前。接著迅速向額前上舉架擋，左臂在外，兩臂離額約一拳（圖121）。

交叉臂向上高阻，主要用於對付以面或頭爲目標的拳或棍棒的攻擊。兩臂相交上架力度大，防守穩固，初學者往往多用此招防守。

# 五、跆拳道的品勢

　　品勢（型）和中國武術中的套路運動相似。品勢是學習跆拳道的一種方法，它是通過假設敵手而進行的攻防練習、它使練習者在沒有對手的情況下，進行攻防練習，以便在真正的拳賽之前就能熟練地掌握運用各種技術動作。因此，品勢的練習是所有跆拳道選手的必經之路。通過品勢的練習，可以熟練地掌握手、腳及身體各部位動作的各種不同力量，有效地提高力量、速度、靈敏、柔韌、平衡等各種身體素質。同時，也可增強初學者的自信心，培養一種健康的精神狀態。

　　學習品勢的基本原則如下：

　　1.一個完整的品勢應該有開始姿勢和結束姿勢。

　　2.身體要保持一個正確的姿勢，面向一個正確的方向，在進行進攻或防守動作時，手腳必須到位。

　　3.控制不同類型動作的力量，在動作變化時，速度要儘可能地快。

　　4.準確掌握動作的不同速度，並知道怎樣調整。

　　5.在不做較大動作時，腰不宜過大地轉動。

　　6.不斷意識身體重心的位置，謹慎選擇動作和腳的位置。

　　7.控制身體的平衡，發聲時要宏亮短促。

　　8.了解每個動作的目的，並經常做實戰的想像練習。

　　9.每天都要進行品勢的練習。

　　10.一次練習一種品勢，熟練掌握後再進行另一個品勢的練

習。

跆拳道的品勢有很多，最基本的是「太極」。所謂太極就是天地分開前萬物的原始狀態，即構成宇宙的最高原理—宇宙的奧秘。

跆拳道的太極姿勢，是根據宇宙的基本原理，應用太極陰陽之理所編創的動作。其運動路線是選擇意味有宇宙基本陰陽意義的八卦線。無論是攻守、前退、緩急、剛柔等等，都充分運用了變化無窮的太極的宇宙思想原理。

「太極」共有八個套路，是初學者入級的基本套路。

## （一） 太極一場

太極一場是指八卦裡的「乾」。所謂乾就是宇宙萬物的根源。因此，太極一場也就成為跆拳道姿勢的根源。它的演武路

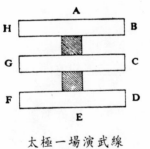

太極一場演武線

圖 122

線是以「三」的符號來表示（詳見「太極一場演武線」圖）。

在動作構成上，為了便於初學者學習與掌握，大多採用前腿彎曲站立的姿勢，所使用的技法是中段正拳、下段防禦、中段防禦、上段防禦和前踢等較為簡單的動作。

**預備姿勢**

左腳向 B 方向（見「太極一場演武線」圖。以下文中提到的英文字母，都參見相應的「演武線」圖）橫邁一步，兩腳與肩同寬，兩腿自然站立；兩手握拳屈臂置於腹前，拳心朝內；眼向前平視（圖 122）。

### 1.轉身下截

身體左轉；同時，左臂下截，右拳
收於腰間（圖123）。

圖 123

### 2.順步衝拳

右腳向前（B方向）進步；右拳向
前平衝，左拳收於腰間（圖124）。

圖 124

### 3.轉身下截

右腳向後撤步（H方向），身體以
左腳爲軸，轉體180°；同時，右臂屈
肘向下截拳（圖125）。

圖 125

圖 126

### 4.順步衝拳

左腳向 H 方向進步；左拳向前平衝，右拳收於腰間（圖 126）。

圖 127

### 5.弓步下截

身體左轉 90°，左腳向 E 方向移步，成左弓步；同時，左臂屈肘向下截拳，右拳收於腰間（圖 127）。

圖 128

### 6.弓步衝拳

兩腳不動；右拳向前平衝，左拳收於腰間（圖 128）。

### 7.轉身外格

左腳不動，右腳向 G 方向移步，身體隨之右轉；同時，左拳外格，拳心朝上，右拳收於腰間（圖129）。

圖 129

### 8.進步衝拳

左腳向 G 方向進步；右拳向前平衝，左拳收於腰間（圖130）。

圖 130

### 9.轉身裡格

以右腳為軸，身體左後轉；隨即左腳向 C 方向進步；同時，右臂屈肘向裡格擊（圖131）。

圖 131

### 10.弓步衝拳

　　右腳向前（C 方向）進步成右弓步；左拳向前平衝，右拳收於腰間（圖132）。

圖 132

### 11.弓步下截

　　以左腳爲軸，身體右轉，右腳向 E 方向移步；右臂屈肘上抬至左肩，然後向下截拳；左拳收於腰間（圖133）。

圖 133

### 12.弓步衝拳

　　兩腳不動；左拳向前平衝，右拳收於腰間（圖134）。

圖 134

### 13.轉身上架

身體左轉，左腳向 D 方向移步 L 同時，左臂屈肘上架，置於額前，拳心朝外（圖 135）。

圖 135

### 14.前蹬衝拳

(1)左腳跟微提，右腿由屈到伸向前上方蹬踢；兩臂下截，置於體側（圖 136）。

圖 136

(2)右腳下落；右拳向前平衝，左拳收於腰間（圖 137）。

圖 137

### 15.轉身上架

以左腳爲軸，身體右後轉，右腳向
F 方向移步；同時，右臂屈肘上架，右
拳置於額前，拳心朝外（圖138）。

圖 138

### 16.前蹬衝拳

(1)右腳跟微提，左腿由屈到伸向前
上方蹬踢；同時，兩臂下截，置於體側
（圖139）。

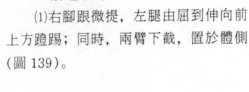

圖 139

(2)左腳下落；左拳向前平衝，右拳
收於腰側（圖140）。

圖 140

### 17.弓步下截

以右腳爲軸，身體右轉，左腳向 A 方向上步，成左弓步；同時，左臂屈肘上抬置右肩，然後向下截拳，右拳收於腰間（圖 141 及附圖）。

圖 141　　　　　　　　附圖 141

### 18.弓步衝拳

右腳向前（A 方向）上步，成右弓步；同時，右拳向前平衝並發聲，左拳收於腰側（圖 142 及附圖）。

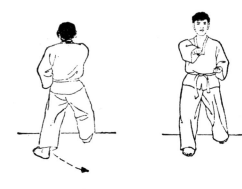

圖 142　　　　　　　　附圖 142

圖 143

### 收勢

以右腳爲軸，身體左後轉，左腳後撤與右腳平行；同時，兩拳置於腹前成預備姿勢（圖143）。

## (二)　太極二場

太極二場是指八卦中的「兌」。所謂兌即外柔內剛。因此，太極二場的型雖然柔和，卻柔中寓剛，可以做強有力的攻擊。其內容從下段防禦開始，由中段正拳、前踢、上段防禦等技法交互構成。

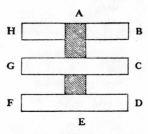

太極二場演武線

演武路線以「三」的符號表示（詳見「太極二場演武線」圖）。

### 預備姿勢

同太極一場（圖144）。

圖 144

### 1.轉身下截

身體左轉；同時，左臂下截，右拳收於腰間（圖145）。

圖 145

### 2.弓步衝拳

右腳向 B 方向進步，成右弓步；同時，右拳向前平衝，左拳收於腰間（圖146）。

圖 146

### 3.轉身下截

以左腳為軸，身體右後轉，同時，右腳向 H 方向上步；右臂屈肘置於左肩，然後向下截拳，左拳收於腰間（圖147）。

圖 147

### 4.弓步衝拳

左腳向前（H方向）進步，成左弓步；同時，左拳向前平衝，右拳收於腰間（圖148）。

圖 148

### 5.轉身裡格

以右腳爲軸，身體左轉，同時，左腳向E方向移步；右拳屈肘向裡橫格，拳與胸高，左拳收於腰間（圖149）。

圖 149

### 6.上步裡格

右腳向前（E方向）進步；同時，左臂屈肘向裡橫格，拳與胸高，右拳收於腰間（圖150）。

圖 150

### 7.轉身下截

身體左轉，同時，左腳向 C 方向移步；左臂向下截拳（圖 151）。

圖 151

### 8.前蹬衝拳

⑴右腿由屈到伸向前上方蹬踢；兩拳置於體側（圖 152）。

圖 152

⑵右腳下落，成右弓步；同時，右拳向前平衝，左拳收於腰間（圖 153）。

圖 153

### 9.轉身下截

以左腳為軸，身體右後轉，右腳向
G 方向移步；同時右拳下截，左拳收於
腰間（圖 154）

圖 154

### 10.前蹬衝拳

(1)左腿由屈到伸向前上方蹬踢；兩
拳置於體側（圖 155）。

圖 155

(2)左腳下落，成左弓步；同時，左
拳向前平衝，右拳收於腰間（圖 156）。

圖 156

### 11.轉身上架

以右腳爲軸，身體左轉，同時，左腳向 E 方向移步；左臂屈肘上架，左拳置於額前，右拳收於腰間（圖157）。

圖 157

### 12.進步上架

右腳向前（E 方向）進步；同時，右臂屈肘上架，右拳置於額前，左拳收於腰間（圖158）。

圖 158

### 13.轉身裡格

以右腳爲軸，身體左後轉，同時，左腳向 F 方向移步；右臂屈肘向裡橫格（圖159）。

圖 159

### 14.轉身裡格

以左腳為軸，身體右後轉，右腳向 D 方向移步；同時，左臂屈肘向裡橫格（圖 160）。

圖 160

### 15.轉身下截

身體左轉，同時，左腳向 A 方向移步；左臂向下截拳（圖 161 及附圖）。

圖 161

附圖 161

### 16.前蹬衝拳

(1)右腿由屈到伸向前上方蹬踢；兩拳置於體側（圖 162 及附圖）。

圖 162　　　　　　　附圖 162

(2)右腳前落；同時，右拳向前平衝，左拳收於腰間（圖 163 及附圖）。

圖 163　　　　　　　附圖 163

### 17. 前蹬衝拳

(1)左腿由屈到伸向前 上方蹬踢；兩拳置於體側（圖 164 及附圖）。

圖 164　　　　附圖 164

⑵左腳前落；同時，左拳向前平衝，右拳收於腰間（圖165及附圖）。

圖 165　　　　　　　　附圖 165

### 18.前蹬衝拳

⑴右腿由屈到伸向前上方蹬踢；兩拳置於體側（圖166及附圖）。

圖 166　　　　　　　　附圖 166

⑵右腳前落；右拳向前平衝（發聲），左拳收於腰間（圖167及附圖）。

圖 167

附圖 167

## 收　勢

同太極一場（圖168）。

圖 168

### ㈢太極三場

　　太極三場是指八卦中的「离」。离即如火一般的熱而明亮之意，所以，太極三場的型，都是極富於精神的動作，除了下段防禦、前踢、正拳以外，還包括手刀的攻擊和防禦的多種技法。

　　演武路線是以「三」的符號表示（詳見「太極三場演武線」圖）。它是形成移動中心基礎的型。身體各個動

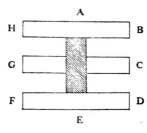

太極三場演武線

作的移動，都要按照順序進行，目的是培養由防禦變爲進攻的
敏捷性。

**預備姿勢**

同太極一場（圖169）。

圖 169

### 1.轉身下截

身體左轉；同時，左臂下截，右拳
收於腰間（圖170）。

圖 170

### 2.前蹬衝拳

(1)右腿由屈到伸向前上方蹬踢；兩
拳收於腰間（圖171）。

圖 171

⑵右腳下落，成右弓步；同時，右拳向前平衝（圖172）。

圖172

⑶上動不停。左拳向前平衝，右拳收於腰間（圖173）。

圖173

### 3.轉身下截

以左腳為軸，身體右後轉，右腳向H方向上步；同時右臂向下截拳，左拳收於腰間（圖174）。

圖174

圖 175

### 4.前蹬衝拳

⑴左腿由屈到伸向前上方蹬踢；兩拳置於體側（圖175）。

⑵左腳下落，成左弓步；同時，左拳向前平衝，右拳收於腰間（圖176）。

圖 176

⑶上動不停。右拳向前平衝，左拳收於腰間（圖177）。

圖 177

### 5.轉身砍掌

以右腳為軸，身體左轉，同時，左腳向 E 方向移步；右拳變手刀，由外向裡橫砍，左拳收於腰間（圖 178）。

圖 178

### 6.上步砍掌

右腳向 E 方向上步；左拳變手刀，由外向裡橫砍，右拳收於腰間（圖 179）。

圖 179

### 7.三七步外截

身體左轉，同時，左腳向 C 方向上步，兩腿屈膝，重心落於右腿，成三七步；左手刀向外橫截，掌刃與肩平，右拳收於腰間（圖 180）。

圖 180

### 8.弓步衝拳

左腳向前（C方向）進半步，成左弓步；右拳向前平衝，左手刀變拳收於腰間（圖181）。

圖181

### 9.三七步外截

以左腳爲軸，身體右後轉，面對G方向，同時，右腳微後撤，成右三七步；右拳變手刀向外橫截（圖182）。

圖182

### 10.弓步衝拳

右腳向G方向移半步，成右弓步；同時，左拳向前平衝，右手刀變拳收於腰間（圖183）。

圖183

### 11.轉身裡格

以右腳為軸，身體左轉，同時，左腳向 E 方向移步；右臂屈肘向內橫格，左拳收於腰間（圖184）。

圖 184

### 12.上步裡格

右腳向 E 方向上步；左臂屈肘向裡橫格，右拳收於腰間（圖185）。

圖 185

### 13.轉身下截

以右腳為軸，身體左後轉，同時，左腳向 F 方向移步；左拳由上向下截拳，拳面朝下，右拳收於腰間（圖186）。

圖 186

### 14.前蹬衝拳

(1)右腿由屈到伸向前上方蹬踢；兩拳置於體側（圖187）。

圖 187

(2)右腳下落，成右弓步；右拳向前平衝，左拳收於腰間（圖188）。

圖 188

(3)上動不停。左拳向前平衝，右拳收於腰間（圖189）。

圖 189

### 15. 轉身下截

以左腳爲軸，身體右後轉，同時，右腳向 D 方向移步；右拳下截，左拳收於腰間（圖190）。

圖 190

### 16. 前蹬衝拳

(1)左腿由屈到伸向前上方蹬踢；兩拳置於體側（圖191）。

圖 191

(2)左腳下落，成左弓步；左拳向前平衝，廿拳收於腰間（圖192）。

圖 192

(3)上動不停。右拳向前平衝，左拳收於腰間（圖193）。

圖 193

### 17. 下截衝拳

(1)以右腳為軸，身體左轉，同時，左腳向 A 方向移步；左拳下截，右拳收於腰間（圖194及附圖）。

圖 194

附圖 194

(2)兩腳不動；右拳向前平衝，左拳收於腰間（圖195及附圖）。

圖 195

附圖 195

### 18.下截衝拳

(1)右腳向 A 方向上步；右拳下截，左拳收於腰間（圖196及附圖）。

圖 196　　　　　　　　　　　附圖 196

(2)兩腳不動；左拳向前平衝，右拳收於腰間（圖197及附圖）。

圖 197　　　　　　　　　　　附圖 197

### 19.前蹬左截右衝

(1)左腿由屈到伸向前上方蹬踢；兩拳置於體側（圖198及附圖）。

圖 198　　　　　　　　　　附圖 198

(2)左腳前落；左拳下截，右拳收於腰間（圖199及附圖）。

圖 199　　　　　　　　　　附圖 199

(3)兩腳不動；右拳平衝，左拳收於腰間（圖200及附圖）。

圖 200　　　　　　　　　　附圖 200

### 20.前蹬右截左衝

(1)右腿由屈到伸向前上方蹬踢；兩拳置於體側（圖201及附圖）。

圖 201　　　　　　　　　附圖 201

(2)右腳前落；右拳下截，左拳收於腰間（圖202及附圖）。

圖 202　　　　　　　　　附圖 202

(3)兩腳不動；左拳向前平衝，右拳收於腰間（圖203及附圖）。

圖 203

附圖 203

圖 204

## 收勢

同太極一場（圖 204）。

## ㈣　太極四場

太極四場指八卦裡的「震」。所謂震即有警戒心、虔誠的態度和權威的含義。

這個型以手刀的防禦、進攻和貫手等動作開始，加入中段外腕側防、側踹等技法。

中段外腕側防被認爲是較難的動作，需要細心揣摩，才能熟練掌握。同時，做側踹時，要將重心正確地落在動作線上，腳不要在地面上滑動。

演武路線以「三」的符號表

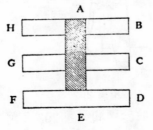

太極四場演武線

示（詳見「太極四場演武線」圖）。

### 預備姿勢

同太極一場（圖205）。

圖 205

### 1.轉身外截

身體左轉，同時，左腳向 B 方向移步，成右三七步；兩拳變手刀，左手刀向左側橫截，手心朝下，與肩同高；右手刀置於胸前，手心朝上（圖206）。

圖 206

### 2.弓步前插

右腳向 B 方向上步，成右弓步；左臂屈肘左手下按；右手刀成貫手向前插擊，指尖朝前（圖207）。

圖 207

圖 208

### 3.轉身外截

以左腳爲軸，身體右後轉，同時，右腳向 H 方向上步，成左三七步；右手刀向外橫截，手心朝下，與肩同高；左手刀置於胸前，手心朝上（圖 208）。

### 4.弓步前插

左腳向 H 方向上步，成左弓步；右臂屈肘，右手下按；左手刀成貫手向前插擊，指尖朝前（圖 209）。

圖 209

### 5.轉身架砍

以右腳爲軸，身體左轉，同時，左腳向 E 方向移步，成左弓步；左臂屈肘上架，置於額前，右手刀向裡橫砍，手心朝上（圖 210）。

圖 210

### 6.前蹬衝拳

(1)右腿由屈到伸向前上方蹬踢；兩手刀變拳置於體側（圖211）。

圖211

(2)右腳前落；左拳向前平衝，右拳收於腰間（圖212）。

圖212

### 7.左側踹腿

以右腿為軸，身體右轉並側傾，同時，左腿由屈到伸向前上方側踹；兩拳置於體側（圖213）。

圖213

圖 214

### 8.側踹外截

(1)左腳下落，隨即以左腳爲軸，身體左轉並側傾，同時，右腿由屈到伸向前上方側踹；兩拳置於體側（圖 214）。

圖 215

(2)右腳下落，成三七步；兩拳變手刀，右手刀向外橫截，高與肩平；左手刀置於胸前，手心朝上（圖 215）。

### 9.轉身外截

以右腳爲軸，身體左後轉，同時，左腳向 F 方向移步，成右三七步；左手刀變拳向外橫截，拳心朝下，右手刀變拳收於腰間（圖 216）。

圖 216

### 10.前踢裡格

(1)右腿直腿前踢；兩拳置於體側（圖 217）。

圖 217

(2)右腳向後落地，左腳稍後撤，成右三七步；右臂屈肘向裡橫格，拳心朝上，左拳收於腰間（圖 218）。

圖 218

### 11.轉身外截

身體右後轉，同時，右腳外轉，重心落於左腳，成左三七步；右臂屈肘向外橫截，拳心朝下（圖 219）。

圖 219

圖 220

### 12前踢裡格

⑴左腿直腿前踢；兩拳置於體側（圖 220）。

圖 221

⑵左腳向後落地，右腳稍後撤，成左三七步；左臂屈肘向裡橫格，拳心朝上，右拳收於腰間（圖 221）。

### 13.轉身架砍

以右腳爲軸，身體左轉，同時，左腳向 A 方向移步，成左弓步；兩拳變手刀，左手架於額前，右手刀向裡橫砍，手心朝上（圖 222 及附圖）。

圖 222

附圖 222

### 14.前蹬裡格

(1)右腿由屈到伸向前上方蹬踢；兩手刀變拳，置於體側（圖223及附圖）。

圖 223　　　　　　　　　附圖 223

(2)右腳前落，成右弓步；右臂屈肘向裡橫格，拳心朝上，左拳收於腰間（圖224及附圖）。

圖 224　　　　　　　　　附圖 224

### 15.轉身裡格

以右脚為軸，身體左轉，同時，左脚向 G 方向移步；左拳向裡橫格；右拳收於腰間（圖 225）。

圖 225

### 16.右衝拳

兩脚不動；右拳向前平衝，左拳收於腰間（圖 226）。

圖 226

### 17.轉身外截

身體右後轉，面向 B 方向；右臂屈肘外截，拳心朝上（圖 227）。

圖 227

### 18.左衝拳

兩腳不動；左拳向前平衝；右拳收
於腰間（圖 228）。

圖 228

### 19.裡格衝拳

(1)以右腳爲軸，身體左轉，同時，左腳向 A 方向上步，成
左弓步；左臂屈肘向裡橫格，拳心朝上（圖 229 及附圖）。

圖 229

附圖 229

(2)兩腳不動；右拳向前平衝，左拳收於腰間（圖 230 及附
圖）。

圖 230

附圖 230

(3)上動不停。左拳向前平衝，右拳收於腰間（圖231及附圖）。

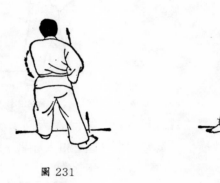

圖231　　　　　　　　　附圖231

20.裡格衝拳

(1)右腳向 A 方向上步，成右弓步；右臂屈肘向裡橫格，拳心朝上，左拳收於腰間（圖232及附圖）。

圖232　　　　　　　　　附圖232

(2)兩腳不動；左拳向前平衝，右拳收於腰間（圖233及附圖）。

圖 233　　　　　　　　附圖 233

(3)上動不停。右拳向前平衝，左拳收於腰間（圖 234 及附圖）。

圖 234　　　　　　　　附圖 234

(4)上動不停。左拳向前平衝，右拳收於腰間（圖 235 及附圖）。

圖 235　　　　　　　　附圖 235

### 收勢

同太極一場（圖236）。

圖 236

## ㈤　太極五場

太極五場指八卦裡的「巽」。巽有風之意，風可分爲微風和強風。微弱時柔和緩慢，強勁時風猛疾馳。

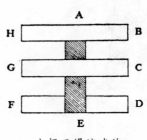

太極五場演武線

太極五場的型也具有這種含意。演練起來開始寧靜緩慢，進入後半段，變得強勁有力，氣勢澎湃。在此型中加入了柔拳及手肘的進攻動作。

演武路線以「三」的符號表示（詳見「太極五場演武線」圖）。

### 預備姿勢

同太極一場（圖237）。

圖 237

### 1.弓步下截

身體左轉，同時，左腳向 B 方向上步，成左弓步；左拳下截，右拳收於腰間（圖 238）。

圖 238

### 2.左搶臂拳

身體右轉，同時，左腳回撤，成平行站立勢；左臂由下向右、向上、向左做搶臂，與肩同高，拳眼朝上（圖 239）。

圖 239

### 3.弓步下截

身體右轉，同時，右腳向 H 方向上步，成右弓步；右拳下截，左拳收於腰間（圖 240）。

圖 240

圖 241

### 4.右搶劈拳

身體左轉，同時，右腳回撤，成平
行站立；右臂由下向左、向上、向右做
搶劈，高與肩平，拳眼朝上（圖241）。

### 5.左右格拳

(1)右腳不動，左腳向 E 方向上步，
成左弓步；左拳由外向裡橫格，拳心朝
上，右拳收於腰間（圖242）。

圖 242

(2)上動不停。右拳由外向裡橫格，
拳心朝上，左拳收於腰間（圖243）。

圖 243

6.前蹬裡格

(1)右腿由屈到伸向前上方蹬踢；兩拳置於體側（圖244）。

圖244

(2)右腳前落，成右弓步；右拳由外向裡橫格，拳心朝上，左拳收於腰間（圖245）。

圖245

(3)兩腳不動；左拳由外向裡橫格，拳心朝上，右拳收於腰間（圖246）。

圖246

圖 247

### 7.前蹬裡格

(1)左腿由屈到伸向前上方蹬踢；兩拳置於體側（圖 247）。

(2)左腳前落，成左弓步；左拳由外向裡橫格，拳心朝上，右拳收於腰間（圖 248）。

圖 248

(3)兩腳不動；右拳由外向裡橫格，拳心朝上，左拳收於腰間（圖 249）。

圖 249

### 8.弓步撞拳

右腳向 E 方向上步，成右弓步；右拳由下向前上方撞擊，拳面朝前，左拳收於腰間（圖250）。

圖 250

### 9.轉身外截

以右腳為軸，身體左後轉，同時，左腳向 F 方向上步，成右三七步；左拳變手刀向外橫截，右拳收於腰間（圖251）。

圖 251

### 10.弓步擊肘

右腳向 F 方向上步，成右弓步；右臂屈肘以肘尖由外向裡橫擊，左手附於右拳面（圖252）。

圖 252

### 11.轉身外截

以左腳為軸，身體右後轉，同時，右腳向 D 方向上步，成左三七步；右拳變手刀向外橫截，左拳收於腰間（圖253）。

圖 253

### 12.弓步擊肘

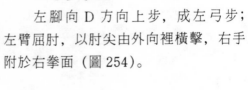

左腳向 D 方向上步，成左弓步；左臂屈肘，以肘尖由外向裡橫擊，右手附於右拳面（圖254）。

圖 254

### 13.下截橫格

(1)以右腳為軸，身體左轉，同時，左腳向 A 方向移步，成左弓步；左拳下截，右拳收於腰間（圖255及附圖）。

圖 255　　　　　　附圖 255

⑵兩腳不動；右拳由外向裡橫格，拳心朝上，左拳收於腰間（圖256及附圖）。

圖 256　　　　　附圖 256

14.前蹬下截橫格

⑴右腿由屈到伸向前上方蹬踢；兩拳置於體側（圖257及附圖）。

圖 257　　　　　附圖 257

⑵右腳前落，成右弓步；右拳下截，左拳收於腰間（圖258及附圖）。

圖 258　　　　　　　　　　附圖 258

(3)兩腳不動；左拳由外向裡橫格，拳心朝上，右拳收於腰間（圖 259 及附圖）。

圖 259　　　　　　　　　　附圖 259

### 15.弓步上架

右腳不動，身體左轉，同時，左腳向 H 方向上步；左臂屈肘上架置於額前（圖 260）。

圖 260

### 16.側踹擊肘

(1)左腳支撐，身體左轉側傾，同時，右腿由屈到伸向前上方側踹，腳尖勾緊；兩拳置於體側（圖261）。

圖 261

(2)右腳下落，成右弓步；左臂屈肘，以肘尖由外向裡橫擊，右手附於左肘處（圖262）。

圖 262

### 17.弓步上架

以左腳為軸，身體右後轉，同時，右腳向 B 方向上步；右臂屈肘上架，置於額前，左拳收於腰間（圖263）。

圖 263

圖 264

### 18. 側端擊肘

(1)右腳支撐，身體右轉側傾，左腿由屈到伸向前上方側端，腳尖勾緊；兩拳置於體側（圖 264）。

(2)左腳下落，成左弓步；右臂屈肘，以肘尖由外向裡橫擊，左手附於右肘處（圖 265）。

圖 265

### 19. 下截橫格

(1)以右腳爲軸，身體左轉，同時，左腳向 A 方向上步，成左弓步；左拳下截，右拳收於腰間（圖 266 及附圖）。

圖 266

附圖 266

(2)兩腳不動；右拳由外向裡橫格，拳心朝上，左拳收於腰間（圖267及附圖）。

圖 267　　　　　　　　　附圖 267

### 20.前蹬撞拳

(1)右腿由屈到伸向前上方蹬踢；兩拳置於體側（圖268及附圖）。

圖 268　　　　　　　　　附圖 268

(2)右腳下落，左腳向右腳後側上步，腳尖落地，成交叉步；右拳向前撞擊，拳心朝上，左拳收於腰間（圖269及附圖）。

圖 269

附圖 269

圖 270

**收勢**

同太極一場（圖 270）。

## ㈥　太極六場

太極六場指八卦裡的「坎」。坎即水之意，表示如流一般的柔軟、平靜。因此，太極六場是以柔和動作組成的型。這個型包括手刀上段防禦、旋踢、掌拳等技法。

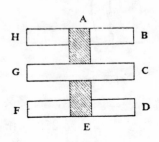

太極六場演武線

演武路線是以「☵」符號表示（詳見「太極六場的演武線」圖），以養育人和萬物的水爲根源。

## 預備姿勢

同太極一場（圖 271）。

圖 271

### 1.轉身下截

身體左轉，同時，左腳向 B 方向上步，成左弓步；左拳下截，右拳收於腰間（圖 272）。

圖 272

### 2.前蹬橫截

(1)右腿由屈到伸向前上方蹬踢；兩拳置於體側（圖 273）。

圖 273

圖 274

(2)右腳向後落步，左腳略回撤，成右三七步；左拳由外向裡橫截，拳心朝上，右拳收於腰間（圖274）。

### 3.轉身下截

以左腳爲軸，身體右轉，同時，右腳向 H 方向上步；右拳下截，左拳收於腰間（圖275）。

圖 275

### 4.前蹬橫截

(1)左腿由屈到伸向前上方蹬踢；兩拳置於體側（圖276）。

圖 276

(2)左腳向後落步，右腳略回撤，成
左三七步；右拳由外向裡橫截，拳心朝
上，左拳收於腰間（圖277）。

圖 277

### 5.弓步外截

身體左轉，同時，左腳向 E 方向
上步，成左弓步；右拳變手刀向外橫
截，手心朝下，左拳收於腰間（圖
278）。

圖 278

### 6.右旋踢腿

左腳支持，右腿由下向上弧形擺
踢，腳面繃平；兩拳置於體側（圖
279）。

圖 279

### 7.外截衝拳

⑴右腳落於左腳後側，左腳向 C 方向上步，成左弓步；左臂屈肘外截，拳心朝下，右拳收於腰間（圖 280）。

圖 280

⑵兩腳不動；右拳向前平衝，左拳收於腰間（圖 281）。

圖 281

### 8.前蹬衝拳

⑴右腿由屈到伸向前上方蹬踢；兩拳置於腰間（圖 282）。

圖 282

(2)右腳向前落步，成右弓步；左拳向前平衝，右拳收於腰間（圖283）。

圖283

### 9.外截衝拳

(1)以左腳爲軸，身體右後轉，同時，右腳向 H 方向上步，成右弓步；右拳外截，拳心朝下，左拳收於腰間（圖284）。

圖284

(2)兩腳不動；左拳向前平衝，右拳收於腰間（圖285）。

圖285

圖 286

### 10.前蹬衝拳

(1)左腿由屈到伸向前上方蹬踢；兩拳置於體側（圖 286）。

(2)左腳向前落步，成左弓步；右拳向前平衝，左拳收於腰間（圖 287）。

圖 287

### 11.上架下截

(1)以右腳爲軸，身體左轉，同時，左腳向右側移半步，成開立步；兩臂由下向上交叉架於額前，右臂在內（圖 288）。

圖 288

⑵兩腳不動；兩拳由上向下截拳，置於體側，拳眼朝前（圖289）。

圖 289

### 12.弓步外截

右腳向 E 方向上步，成右弓步；左拳變手刀向外橫截，掌心朝下，右拳收於腰間（圖290）。

圖 290

### 13.左旋踢腿

右腳支撐，左腿由下向前上擺踢；兩拳置於體側（圖291）。

圖 291

### 14. 轉身下截

左腳落靠於右腳，身體右後轉，同
時，右腳向 D 方向上步，成右弓步；
右拳下截，左拳收於腰間（圖292）。

圖 292

### 15. 前蹬外截

(1)左腿由屈到伸向前上方蹬踢；兩
拳置於體側（圖293）。

圖 293

(2)左腳向後落步，右腳略回撤，成
左三七步；右拳外截，左拳收於腰間
（圖294）。

圖 294

### 16.轉身下截

身體左轉，同時，左腳向 F 方向移
步，成左弓步；左拳下截，右拳收於腰
間（圖 295）。

圖 295

### 17.前蹬外截

(1)右腿由屈到伸向前上方蹬踢；兩
拳置於體側（圖 296）。

圖 296

(2)右腳向後落步，左腳略回撤，成
右三七步；左拳向外橫截，右拳收於腰
間（圖 297）。

圖 297

### 18.轉身外截

左腳不動，身體左轉，同時，右腳向 A 方向移步（面對 E 方向）成右三七步；左拳變手刀向外橫截，右拳變手刀置於胸前，手心朝上（圖 298）。

圖 298

### 19.退步外截

左腳向 A 方向退步，成左三七步；右拳變手刀向外橫截，左手刀置於胸前，手心朝上（圖 299）。

圖 299

### 20.退步按掌

右腳向 A 方向退步，成左弓步；左手刀旋臂下按於腹前，手心朝下，右手刀變拳收於腰間（圖 300）。

圖 300

### 21.右平衝拳

兩腳不動；右拳向前平衝，左手刀
變拳收於腰間（圖301）。

圖 301

### 22.退步按掌

左腳向 A 方向退步，成右弓步；
右拳變手刀下按於腹前，手心朝下，左
拳收於腰間（圖302）。

圖 302

### 23.左平衝拳

兩腳不動；左拳向前平衝，右拳收
於腰間（圖303）。

圖 303

圖 304

### 收勢

同太極一場（圖 304）。

### ㈦　太極七場

太極七場指八卦裡的「艮」。艮象徵著山，山含有濃重沉厚的意思，因此，這個型要求以厚重的力感來演練每一個動作。

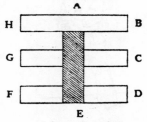

太極七場演武線

在這個型中編入了各種技巧動作，其動作結構比前述的型要複雜，難度也大些。

演武路線是以「☶」的符號表示（詳見「太極七場演武線」圖）。

圖 305

### 預備姿勢

同太極一場（圖 305）。

### 1.轉身拍擊

身體左轉，面對 B 方向，成左虎足
步；兩拳變掌向下拍擊，高與腹平，掌
心朝下（圖 306）。

圖 306

### 2.前蹬外截

(1)右腿由屈到伸向前上方蹬踢；兩
掌變拳置於體側（圖 307）。

圖 307

(2)右腳向後落步，成左虎足步；左
臂外截，拳心朝外，右拳收於腰間（圖
308）。

圖 308

### 3.轉身拍擊

以左腳爲軸，身體右後轉，面向 H 方向，同時，右腳虛點地面，成右虎足步；兩拳變掌向下拍擊，高與腹平，掌心朝下（圖309）。

圖 309

### 4.前蹬外截

(1)左腿由屈到伸向前上方蹬踢；兩掌變拳置於體側（圖310）。

圖 310

(2)左腳向後落步，成右虎足步；右拳外截，拳心朝外，左拳收於腰間（圖311）。

圖 311

### 5.轉身下截

身體左轉，左腳向 E 方向移步，成右三七步；兩拳變手刀，左手刀向下砍截，手心朝下，右手刀屈肘置於胸前，手心朝上（圖 312）。

圖 312

### 6.進步下截

右腳向 E 方向上步，成左三七步；右手刀向下砍截，手心朝下，左手刀屈肘置於胸前（圖 313）。

圖 313

### 7.轉身拍擊

身體左轉，左腳向 C 方向移步，成左虎足步；右掌向下拍擊，掌心朝下，左掌置於右臂下，掌心朝下（圖 314）。

圖 314

圖 315

### 8.右撞拳

兩腳不動；右掌變拳向前上方撞擊，拳心朝上（圖315）。

### 9.轉身拍擊

以左腳爲軸，身體右後轉，面向 G 方向，成右虎足步；左拳變掌向下拍擊，右拳變掌置於左臂下，掌心朝下（圖316）。

圖 316

### 10.左撞拳

兩腳不動；左掌變拳向前上方撞擊，拳心朝上（圖317）。

圖 317

### 11.並步抱拳

右腳不動，左腳向右腳併靠；身體直立轉向 E 方向；右手握拳屈肘置於胸前，左拳變掌附於右拳面（圖318）。

圖 318

### 12.上挑下截

(1)左腳向 E 方向上步，成左弓步；左掌變拳上挑，拳心朝裡，右拳下截護襠（圖319）。

圖 319

(2)兩腳不動；右拳上挑，拳心朝裡，左拳下截護襠（圖320）。

圖 320

### 13.上挑下截

(1)右腳向 E 方向上步，成右弓步；左拳上挑，拳心朝裡，右拳下截護襠（圖321）。

圖 321

(2)兩腳不動；右拳上挑，左拳下截護襠（圖322）。

圖 322

### 14.弓步雙撞拳

以右腳為軸，身體左後轉，同時，左腳向 F 方向上步，成左弓步；兩拳由下向前上方撞擊，拳心朝下（圖323）。

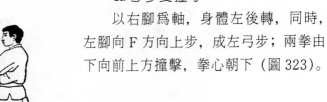

圖 323

### 15. 頂膝撞拳

⑴右腿屈膝，用膝尖上頂；兩臂內旋，兩拳下壓，拳心朝下（圖324）。

圖 324

⑵右腳向前落步，左腳上步落於右腳的右後側，腳尖著地，成交叉步；兩臂外旋，兩拳向前撞擊，拳心朝上（圖325）。

圖 325

### 16. 弓步下截

左腳向 D 方向退步，成右弓步；兩臂交叉，右臂在外，向下截拳（圖326）。

圖 326

圖 327

### 17.弓步雙撞拳

以左腳爲軸,身體右後轉,同時,右腳向 D 方向上步,成右弓步;兩拳由下向前上方撞擊,拳心朝下(圖327)。

### 18.頂膝撞拳

(1)左腿屈膝,用膝尖上頂;兩臂內旋,兩拳下壓,拳心朝下(圖328)。

圖 328

(2)左腳向前落步,右腳上步落於左腳的左後側,成交叉步;兩臂外旋,兩拳向前撞擊,拳心朝上(圖329)。

圖 329

### 19.弓步下截

右腳向 F 方向退步，成左弓步，兩臂交叉，右臂在外，向下截拳（圖330）。

圖 330

### 20.轉身衝拳

以右腳為軸，身體左轉，同時，左腳向 A 方向上步；左拳立拳向前衝擊，右拳收於腰間（圖 331 及附圖）。

圖 331

附圖 331

### 21.旋踢擊肘

(1)右腿由下向前上弧形擺踢；兩拳置於體側（圖332）。

圖 332

圖 333

(2)右腳前落，成馬步；右臂屈肘，以肘尖向 A 方向橫擊，左手附於右前臂處（圖 333）。

## 22.右衝拳

右腳不動，左腳略回撤；右拳立拳向前衝擊，左拳收於腰間（圖 334 及附圖）。

圖 334

附圖 334

## 23.旋踢擊肘

(1)左腿由下向前上方弧形擺踢；兩拳置於體側（圖 335）。

圖 355

⑵左腳下落，成馬步；左臂屈肘，以肘尖向 A 方向橫擊，右手附於左前臂上（圖336）。

圖 336

### 24.馬步外截

兩腳不動；左拳變手刀向外橫截，右拳收於腰間（圖337）。

圖 337

### 25.馬步衝拳

右腳向 A 方向上步，成馬步；右拳向前平衝（同時發聲），左拳收於腰間（圖338及附圖）。

圖 338

附圖 338

圖 339

### 收勢
同太極一場（圖 339）。

## ⑻ 太極八場

太極八場指八卦裡的「坤」。坤即指大地，大地爲萬物生長之源。

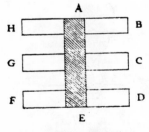

太極八場演武線

太極八場這個型是入級者的最後課程，也是入段後的第一個型。凡是能夠入段的人，表示其基本技術已熟練掌握。因此，這個型是基本技術總匯，是對前述各個型的複習。結構上除去了重複動作，連接比較緊湊、嚴密。

演武路線是以「☷」符號表示（詳見「太極八場演武線」圖）。

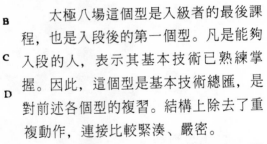

### 預備姿勢
同太極一場（圖 340）。

圖 340

### 1.左格右衝

(1)身體右轉，同時，左腳向 E 方向上步，成右三七步；左拳外格，右臂屈肘，右拳置於腰前（圖341）。

圖 341

(2)重心前移；右拳向前平衝，左拳收於腰間（圖342）。

圖 342

### 2.騰空前踢

(1)右腿上擺，左腿屈膝上擺，身體騰空；兩拳置於體側（圖343）。

圖 343

圖 344

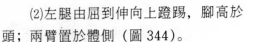

(2)左腿由屈到伸向上蹬踢，腳高於頭；兩臂置於體側（圖344）。

### 3.外截衝拳

(1)右腳、左腳依次落地，成左弓步；左拳外截，拳心朝上，右拳收於腰間（圖345）。

圖 345

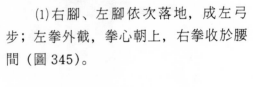

(2)兩腳不動；右拳向前平衝，左拳收於腰間（圖346）。

圖 346

⑶上動不停。左拳向前平衝，右拳收於腰間（圖347）。

圖 347

### 4.弓步衝拳

右腳向 E 方向上步。成右弓步；右拳向前平衝，左拳收於腰間（圖348）。

圖 348

### 5.上格下截

以右腳爲軸，身體左後轉，同時，左腳向 F 方向移步，成右弓步；右臂屈肘，右拳上格，與頭同高，左拳下截，與胯同高（圖349）。

圖 349

### 6.弓步撞拳

身體左轉，面向 F 方向，成左弓步；左臂屈肘，左拳由下向前上方撞擊，右拳收於左胸前（圖 350）。

圖 350

### 7.上格下截

(1)左腳向右腳前側（A 方向）上步，成交叉步；兩臂外旋屈肘，兩拳向身體兩側分格，拳心朝上（圖 351）。

圖 351

(2)上動不停。右腳向 D 方向上步，成左弓步；左臂屈肘，左拳上格，與頭同高，右拳下截，與胯同高（圖 352）。

圖 352

### 8.弓步撞拳

身體右轉，面向 D 方向，成右弓步；右臂屈肘，右拳由下向前上方撞擊，左拳置於右胸前（圖 353）。

圖 353

### 9.三七步外截

以左腳爲軸，身體左後轉，同時，右腳向 A 方向退步，成右三七步；左拳變手刀向外橫截，右拳變手刀置於胸前（圖 354）。

圖 354

### 10.弓步衝拳

右腳不動，左腳略向 E 方向上步，成左弓步；右手刀變拳向前平衝，左手刀變拳收於腰間（圖 355）。

圖 355

圖 356

### 11. 前蹬下截

(1)右腿由屈到伸向前蹬踢；兩拳置於體側（圖 356）。

圖 357

(2)右腳落步，左腳向 A 方向退步，成右虎足步；右拳下截，左拳收於腰間（圖 357）。

### 12. 虎足步外截

圖 358

右腳不動，左腳向 C 方向移步，成左虎足步；兩拳變手刀，左手刀向外橫截，右手刀置於胸前（圖 358）。

### 13.前蹬衝拳

(1)左腿由屈到伸向前上方蹬踢；兩手收於胸前（圖359）。

圖 359

(2)左腳下落，成左弓步；右手握拳向前平衝，左拳收於腰間（圖360）。

圖 360

### 14.虎足步拍擊

右腳不動，左腳略回撤，成左虎足步；左拳變掌向下拍擊，右拳收於腰間（圖361）。

圖 361

圖 362

### 15.虎足步外截

以左腳爲軸，身體右後轉，面向 G
方向，成右虎足步；右拳變手刀向外橫
截，左手刀置於胸前（圖 362）。

### 16.前蹬衝拳

(1)右腿由屈到伸向前上方蹬踢；兩
手收於胸前（圖 363）。

圖 363

(2)右腳下落，成右弓步；左手刀變
拳向前平衝，右拳收於腰間（圖 364）。

圖 364

### 17.虎足步拍擊

左腳不動，右腳略回撤，成右虎足步；右拳變掌向下拍擊，左拳收於腰間（圖365）。

圖 365

### 18.轉身下截

身體右轉，右腳向 A 方向移步，成左三七步；右掌變拳下截，左拳收於腰間（圖366及附圖）。

圖 366

附圖 366

### 19.連環蹬踢

(1)左腿向前蹬踢；兩拳置於體側（圖367及附圖）。

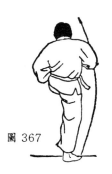

圖 367

附圖 367

　⑵右腿蹬地，身體騰空；右腿由屈到伸向前上方蹬踢，左腿自然下垂（圖 368 及附圖）。

圖 368

附圖 368

### 20.裡格衝拳

　⑴左、右腳依次落步，成右弓步；右拳由外向裡格擊，左拳收於腰間（圖 369 及附圖）。

圖 369

附圖 369

　⑵兩腳不動；左拳向前平衝，右拳收於腰間（圖 370 及附圖）。

圖 370

附圖 370

### 21.三七步外截

以右腳為軸，身體左轉，同時，左
腳向 B 方向移步，成右三七步；左拳變
手刀向外橫截（圖 371）。

圖 371

### 22.弓步擊肘

左腳向 B 方向上步，成左弓步；右
臂屈肘，以肘尖由外向裡橫擊，左手刀
變拳收於腰間（圖 372）。

圖 372

### 23.右撞左衝

(1)兩腳不動；右拳向前撞擊，拳心朝上（圖373）。

圖 373

(2)上動不停。左拳向前平衝，右拳收於腰間（圖374）。

圖 374

### 24.三七步外截

身體右後轉，右腳略回撤，面向 H 方向，成左三七步；右拳變手刀向外橫截，左拳收於腰間（圖375）。

圖 375

### 25.弓步擊肘

右腳向 H 方向上步，成右弓步；左臂屈肘，以肘尖由外向裡橫擊，右手刀變拳收於腰間（圖376）。

圖 376

### 26.左撞右衝

(1)兩腳不動；左拳向前撞擊，拳心朝上（圖377）。

圖 377

(2)上動不停。右拳向前平衝，左拳收於腰間（圖378）。

圖 378

圖 379

**收勢**

同太極一場（圖 379）。

### ㈨高　麗

高麗是朝鮮古代的一個王朝，這時期的民族文化遺產對每個朝鮮人來說都是十分珍貴的。用高麗這個詞來命名，充分說明此型體現了朝鮮人民不屈不撓的民族精神。其每個動作都寓意一種無畏的精神，是朝鮮民族靈魂的體現。

它的演武路線是用「士」表示（詳見圖 380）。要求演練時，如鬥士般的驍勇。

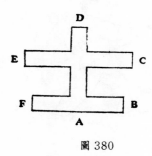

圖 380

**預備姿勢**

兩腳開立，略寬於肩，兩腿自然站直；兩臂屈肘上提，兩手刀置於面前（圖 381）。

圖 381

### 1.三七步外截

身體左轉，同時，左腳向 B 方向移步，成右三七步；左手刀向外橫截，右手刀屈肘置於胸前（圖382）。

圖 382

### 2.連環側踹

(1)左腳支撐，身體左轉，同時，右腿由屈到伸側踹，高不過腰；兩手置於體側（圖383）。

圖 383

(2)上體側傾，右腿屈膝回收後立即由屈到伸向前上方側踹（圖384）。

圖 384

### 3.插掌衝拳

(1)右腳下落，成右弓步；右手刀向前平插，手心朝下，左拳收於腰間（圖385）。

圖 385

(2)兩腳不動；左拳向前平衝，右手刀變拳收於腰間（圖386）。

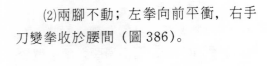

圖 386

### 4.三七步外格

右腳略回撤，成左三七步；右拳由裡向外橫格，拳心朝上，左拳收於腰間（圖387）。

圖 387

### 5.三七步外截

以左腳為軸，身體右後轉，同時，右腳向 F 方向移步，成左三七步；兩拳變手刀，右手刀向外橫截，左手刀置於胸前（圖388）。

圖388

### 6.連環側踹

⑴右腳支撐，身體右轉，同時，左腿由屈到伸側踹，高不過腰；兩手置於體側（圖389）。

圖389

⑵身體側傾，左腿屈膝回收後立即向前上方側踹（圖390）。

圖390

圖 391

### 7.插掌衝拳

(1)左腳下落，成左弓步；左手刀向前平插，手心朝下，右拳收於腰間（圖391）。

(2)兩腳不動；右拳向前平衝，左拳收於腰間（圖392）。

圖 392

### 8.三七步外格

右腳不動，左腳略回撤，成三七步；左拳由裡向外橫格，拳心朝上，右拳收於腰間（圖393）。

圖 393

### 9.下截掐擊

(1)以右腳爲軸，身體左轉，同時，左腳向Ａ方向移步；左拳變手刀下截，右拳收於腰間（圖394）。

圖394

(2)上動不停。左腳向Ａ方向上步，成左弓步；右手拇指和食指展開，以虎口向前掐擊，與頸部同高（圖395）。

圖395

### 10.前蹬下截掐擊

(1)右腿由屈到伸向前蹬踢；兩拳置於體側（圖396）。

圖396

⑵右腳下落，成右弓步；右拳變手刀下截，左拳收於腰間（圖397）。

圖397

⑶上動不停。左手拇指和食指展開，以虎口向前掐擊，與頸部同高，右手刀變拳收於腰間（圖398）。

圖398

## 11.前蹬下截掐擊

⑴左腿由屈到伸向前蹬踢；兩拳置於體側（圖399）。

圖399

⑵左腳前落，成左弓步；左拳變手
刀下截，右拳收於腰間（圖 400）。

圖 400

⑶上動不停。右手拇指和食指展
開，用虎口向前掐擊，與頸部同高，左
手刀變拳收於腰間（圖 401）。

圖 401

### 12.前蹬上托下壓

⑴右腿由屈到伸向前蹬踢；兩拳置
於體側（圖 402）。

圖 402

圖 403

(2)) 右腳前落，成右弓步；右手由下向上托起，左手由上向下推壓（圖403）。

### 13.弓步雙截拳

以右腳爲軸，身體左後轉，同時，左腳向 A 方向移步，面向 D 方向成右弓步；兩掌變拳向身體兩側截拳，拳心朝裡（圖404）。

圖 404

### 14.前蹬上托下壓

(1)左腿由屈到伸向前蹬踢；兩拳置於體側（圖405）。

圖 405

(2)左腳前落，成左弓步；左手由下向上托起，右手由上向下推壓（圖406）。

圖 406

### 15.弓步雙截拳

兩腳不動，兩掌變拳向身體兩側截拳，拳心朝裡（圖407）。

圖 407

### 16.馬步外截

以左腳爲軸，身體右後轉，同時，右腳向 E 方向移步，面向 C 方向成馬步；左拳變手刀外截，右拳收於腰間（圖408）。

圖 408

圖 409

### 17. 右貫拳

兩腳不動；右拳向前方弧形貫拳，左手附於右拳面（圖 409）。

### 18. 蓋步側踹

(1)右腳向左腳前方蓋步，成交叉步；左拳置於腹前，右拳收於腰間（圖 410）。

圖 410

(2)上動不停。右腳支撐，身體側傾，左腿由屈到伸向前上方側踹；兩拳收於胸前（圖 411）。

圖 411

### 19.弓步下插

左腳下落，身體右轉，面對 E 方
向成右弓步；兩拳變手刀，左手刀由上
向下插擊，右手刀置於胸前（圖412）。

圖 412

### 20.撤步下截

左腳不動，右腳略回撤；右手刀變
拳下截，左手刀變拳收於腰間（圖
413）。

圖 413

### 21.馬步擊肘

⑴左腳上步；左臂屈肘上抬至胸
前，右拳收於腰間（圖414）。

圖 414

(2)上動不停。右腳向 E 方向上步，成馬步；右臂屈肘，以肘尖向前橫擊，左手附於右拳面處（圖415）。

圖 415

### 22.右截左貫

(1)兩腳不動；右拳變手刀外截，左拳收於腰間（圖416）。

圖 416

(2)上動不停。左拳向前上弧形貫拳，右手附於左拳面（圖417）。

圖 417

### 23.蓋步側踹

(1)左腳向右腳前蓋步，成交叉步；右拳屈肘置於胸前，左拳收於腰間（圖418）。

圖 418

(2)左腳支撐，身體側傾，右腿由屈到伸向前上方側踹（圖419）。

圖 419

### 24.弓步下插

右腳下落，身體左轉，面對C方向成左弓步；右拳變貫手下插，左手置於胸前（圖420）。

圖 420

圖 421

### 25.撤步下截

右腳不動，左腳略回撤；左手握拳下截，右手刀變拳收於腰間（圖 421）。

### 26.馬步擊肘

(1)右腳上步；右臂屈肘上抬，左拳收於腰側（圖 422）。

圖 422

(2)上動不停。左腳向 C 方向上步，成馬步；左臂屈肘，以肘尖向前橫擊，右手附於左拳面處（圖 423）。

圖 423

### 27.並步下砸

右腳向左腳併靠；兩臂由外向裡環繞一周，左拳下砸於右掌心（圖 424）。

圖 424

### 28.上插下截

(1)以右腳爲軸，身體左後轉，同時，左腳向 D 方向移步；左拳變手刀向前上插擊，右拳收於腰間（圖 425 及附圖）。

圖 425

附圖 425

(2)上動不停。左手刀由上向下截擊（圖 426 及附圖）。

圖 426

附圖 426

### 29.上插下截

⑴右腳向 D 方向上步；左拳變手刀向前上插擊，左拳收於腰間（圖 427 及附圖）。

圖 427　　　　　　　　附圖 427

⑵上動不停。右手刀由上向下截擊（圖 428 及附圖）。

圖 428　　　　　　　　附圖 428

### 30.上插下截

同 28 動（圖 429 及附圖、圖 430 及附圖）。

圖 429

附圖 429

圖 430

附圖 430

### 31.弓步招擊

右腳向 D 方向上步，成右弓步；右手拇指和食指展開，用虎口向前招擊，與頸部同高，左拳收於腰間（圖 431 及附圖）。

圖 431

附圖 431

圖 432

**收勢**

　　以右腳為軸，身體左後轉，同時左腳收回，成平行站立；兩臂屈肘上提，兩手弧形相對，成預備姿勢（圖 432）。

# 六、跆拳道的防守反擊技術

　　跆拳道的防守反擊，是對基本技法的綜合運用。防守反擊技術在實戰中多在阻擋後立即使用拳、手刀、肘、膝、腿等進行反擊。要求判斷準確、防守嚴密、反擊迅猛、方法正確，並掌握在各種情況下的防守反擊，尤其是在受到突然襲擊時。

### ㈠　徒手的防守反擊

　　1.攻方：順弓步衝拳

　　守方：用左手刀虎口一側外格對方的右拳（圖 433）；接著，左腳向前進步，同時，左手握拳用拳的掌指關節處擊打對方的人中處（圖 434）。

圖 433　　　　　　　　　圖 434

　　要點：左腳進步迅速，儘量靠近對方；左拳擊打要迅猛準

確。

2.攻方：順弓步衝拳

守方：左腳回撤成左虎足步，用左手刀外格對方的右拳（圖435）；接著，左腳再向前上步，同時，用右手掐擊對方的咽喉部（圖436）。

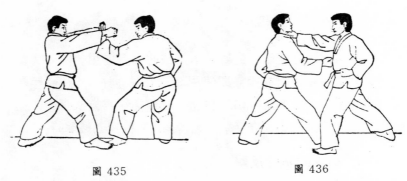

圖 435　　　　　　　　　圖 436

要點：右手掐擊動作要快速有力，五指緊扣，部位準確。

3.攻方：順弓步衝拳

守方：左腳回撤成左虎足步，左拳外格對方的右拳（圖437）；接著，右腳向前上步，同時，左臂屈肘，向對方身體滑進，用左肘撞擊對方的胸部（圖438）。

圖 437

圖 438

要點：撞肘時，左臂緊貼對方的右臂滑進，用整體力量撞擊對方。

4.攻方：順弓步衝拳

守方：上步用左手刀向外格擋對方的右拳（圖439）；接著，重心前移，左腿支撐，右腿直膝弧形上踢過頭，再用腳跟下砸對方的肩部（圖440）。

圖 439　　　　　　　　　　　圖 440

要點：左腿支撐要穩；右腿上踢時送髖，下砸要迅猛，力達腳跟。

5.攻方：順弓步衝拳

守方：左腿回撤成左虎足步，用左前臂向外格擋對方的右拳（圖441）；接著，身體右轉、側傾，同時，左腿直膝弧形上擺，腳面繃平，用腳背掃擊對方的太陽穴（圖442）。

圖 441　　　　　　　　　　　圖 442

要點：轉腿、左腿直膝上擺要快速有力。

6.攻方：順弓步衝拳

守方：右腳上步，用十字拳上架對方的右拳（圖443）；接著，身體左轉，同時，用右腳掌外沿踩擊對方的右膝關節（圖444）。

圖443　　　　　　　　　圖444

要點：踩腿時身體略下沉，使全身體的力量達於右腳掌外沿；踩腳要朝斜下方用力。

7.攻方：順弓步衝拳

守方：左腳上步，用十字手刀上架，並順勢以雙手抓住對方的右拳（圖445）；接著，雙手用力回帶，使其上體前傾，同時，右腿屈膝上提，用右膝頂擊對方的胸部（圖446）。

圖445　　　　　　　　　圖446

要點：雙手抓握準確，回帶迅速有力，當對方身體前傾之機頂膝，形成一個合力，以增加攻擊力量。

8.攻方：順弓步衝拳

守方：身體左轉側傾，用右腿側踹堵截對方的胸部（圖447）；接著，右腿繼續向上踹擊對方的頭部（圖448）。

圖 447　　　　　　　圖 448

要點：兩次側踹要連貫緊湊，踹第二腿時上體側傾、展髖，右腿儘量前伸。

9.攻方：拗弓步衝拳

守方：右腳上步，用右前臂外格對方的右拳（圖449）；

圖 449　　　　　　　圖 450

接著，左腿上提，用左腳背撩對方的襠部（圖450）。

要點：格擋和撩擊兩個動作要銜接緊湊。撩擊時，小腿發力，力點在腳背。

10.攻方：拗弓步衝拳

守方：左腳回撤成左虎口步，用左前臂下截對方的右拳（圖451）；接著，左腳後撤，腳尖內扣，身體隨之右轉，使其背向對手；隨即身體先微前傾，再展腹後仰帶動右腿由屈到伸，腳尖勾起後蹬，用右腳跟蹬擊對方的胸部（圖452）。

圖451　　　　　　　　　圖452

要點：下截後迅速轉身；後蹬時，上體後仰，腰腹協調用力。

11.攻方：拗弓步衝拳

守方：左腳上步，用十字拳堵截對方的右拳（圖453）；接著，右腿向左前上方擺踢，同時，轉體、展髖，右腿擺至與對方肩平時，用右腳跟橫擊對方的頸部（圖454）。

要點：右腿由直線上擺到橫擊的過程中，一定要轉體、開胯，同時注意腰的擰轉。

12.攻方：拗弓步衝拳

守方：左腳上步，用十字手刀堵截對方的右拳（圖455）；

圖 453　　　　　　　　　　圖 454

接著上體右轉並側傾，同時，左腿屈膝上提、展髖，用左腳側踹對方的咽喉部（圖456）。

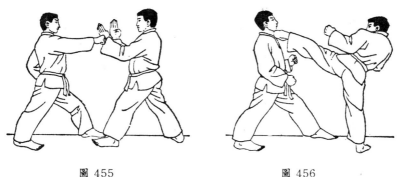

圖 455　　　　　　　　　　圖 456

要點：側踹時要充分展髖側傾，以增加左腿的運動距離；力點在腳跟。

13.攻方：拗弓步砍掌

守方：突然俯身下蹲閃開（圖457）；當對方前撲時，左腿屈膝跪地，雙手扶地，同時，用右腿蹬擊對方的下腹（圖458）。

要點：要掌握好下蹲的時機；出腿快速有力，力達腳跟。

14.攻方：弓步雙砍掌

圖 457　　　　　　　　圖 458

守方：左腳上步，兩掌自下而上、向外格開對方的兩掌（圖 459）；接著，身體右轉，左手由屈到伸，迅速用掌指插擊對方的眼睛（圖 460）。

圖 459　　　　　　　　圖 460

要點：格開兩掌後，左臂快速旋進，力達掌指；插擊時，注意轉腰順肩。

15.攻方：弓步雙貫拳

守方：右腳上步，用雙手刀由內向外格開對方的雙拳（圖461）；接著，雙手刀砍擊對方的頸部，同時，左腿屈膝上提，用左膝撞擊對方的腹腔神經叢（圖462）。

要點：砍掌和頂膝協同用力；頂膝時收腹收髖。

圖 461　　　　　　　　　圖 462

16.攻方：三七步插掌

守方：右腳回撤成右虎足步，同時，右臂屈肘外格對方的腕部（圖463）；接著，右腳向前進步成馬步，同時，右拳變手刀，以肘關節為軸發力，右手刀橫砍對方的肋部（圖464）。

圖 463　　　　　　　　　圖 464

要點：右腳進步和砍掌要協調完整，整個身體向前推進助力於手刀。

17.攻方：三七步插掌

守方：身體左轉下蹲，左膝跪地，雙手扶地，使對方進攻落空（圖465）；接著，雙手和左膝撐地，右腿迅速後掃，用腳跟掃擊對方的踝部，使其掀腿而失去平衡（圖466）。

圖 465　　　　　　　　　　圖 466

　　要點：轉身下蹲要快；後掃時，以髖關節為軸發力，掃腿
不宜太高。

　　18.攻方：三七步衝拳

　　守方：右腳回撤成右虎足步，同時，用右手刀外格對方的
右腕（圖 467）；接著，以右腳掌為軸身體右轉，同時，左腳腳尖
勾起，用左踝勾踢對方的右踝，使其掀腿而失去平衡（圖 468）。

圖 467　　　　　　　　　　圖 468

　　要點：勾踢時要借用轉體的力量發力。不宜過高，力點要
準。

　　19.攻方：三七步衝拳

　　守方：左腳上步成馬步，同時，用十字手刀上架並夾住對

方的右前臂（圖469）；接著，右手轉腕抓握對方的右腕，迅速轉腰回帶，使其上體前傾，同時，左臂屈肘上提後再用肘尖下砸對方的後背（圖470）。

<table>
<tr><td>圖 469</td><td>圖 470</td></tr>
</table>

圖 469　　　　　　　圖 470

　　要點：上架夾緊對方的右臂後要迅速扣腕回帶，使其上體前栽。肘下砸時要沉肩，力達肘尖。

　　20.攻方：馬步橫砍掌

　　守方：右腳回撤成右虎足步，同時，用右手刀外格對方的右腕（圖471）；接著，以右腳掌為軸，身體右轉，同時，左腿隨身體右轉弧形上擺，由裡向外用腳跟掃擊對方的面部（圖472）。

圖 471　　　　　　　圖 472

要點：轉體要迅速；左腿上擺時收胯，橫掃時要展髖，腳尖勾緊，力達腳跟。

21.攻方：右腿前蹬

守方：左腳上步，同時，用左手刀下截對方的右踝內側（圖473）；接著，左腳再進半步，同時，迅速用右掌指插擊對方的眼睛（圖474）。

圖473 　　　　　　　　　圖474

要點：下截和插擊銜接緊湊；插眼時要轉腰順肩，力達指尖。

22.攻方：右腿前蹬

守方：左腳回撤，同時，用左手刀下截對方的外踝（圖

圖475 　　　　　　　　　圖476

475)；接著，左腳迅速進步，左手抓握對方的踝關節回帶，使其身體前衝，同時，右臂屈肘向上挑頂，用肘尖挑頂對方咽喉（圖 476）。

要點：左手抓握對方踝關節回帶要快，使其失重前衝，與頂肘產生撞擊，提高頂肘效果。

23.攻方：右腿前蹬

守方：身體後撤閃開，右腳前掌虛點地面（圖 477）；接著，雙腿跳起，左腿屈膝收起，右腿弧形上擺，用右腳背撞擊對方的太陽穴（圖 478）。

圖 477　　　　　　　　　　圖 478

要點：起跳要及時，橫擺腿時要擰腰轉髖；在空中保持平衡。

24.攻方：左腿前蹬

守方：右腳回撤成右虎足步，同時，用右手刀向下格對方的左踝（圖 479）；接著，右腳迅速進步，身體靠近對方，同時，左臂屈肘上抬用左肘橫擊對方的頭部（圖 480）。

要點：擊肘時要擰腰合肩，力達肘關節。

25.攻方：右腿前撩

圖 479          圖 480

守方：三七步，用十字拳下截對方的踝關節（圖 481）；
接著，身體右轉側傾，右腿支撑，同時，左腿由屈到伸側踹，
用腳跟踹擊對方的咽喉部（圖 482）。

圖 481          圖 482

要點：上體側傾時，左腿隨即上提；踹腿時，要展腹展
髖，力達腳跟。

26.攻方：右腿前撩

守方：當對方提腿時，就迅速用右腳刀跺擊對方的脛面
（圖 483）；接著，上體側傾，右腿繼續上提由屈到伸側踹，用
腳跟踹對方的咽喉部（圖 484）。

圖 483　　　　　　　　　　　圖 484

要點：兩腿的銜接要緊湊；側踹時，身體側傾，展腹展髖，保持身體平衡。

27.攻方：右腿前彈

守方：身體後撤閃開，左腳前掌虛點地面（圖 485）；接著，雙腿起跳，在空中身體向右後轉270°，同時，右腿隨轉身用力向後掃擺，腳面繃平，用腳掌掃擊對方的太陽穴（圖 486）。

圖 485　　　　　　　　　　　圖 486

要點：後閃要迅速，掌握好距離；起跳後迅速擰腰轉體；後掃時，要展腹展髖，以腰腹的力量協同掃腿；力點要準確。

28.攻方：右退側踹

守方：用左腿裡合阻擋並下壓其右腿（圖487）；接著，身體前傾，左腿轉髖迅速側踹，用腳跟踹擊對方的肋部（圖488）。

圖487　　　　　　　　　　　　圖488

要點：裡合接側踹要迅速轉髖，支撐腿站穩。

29.攻方：右腿側踹

守方：用左手刀上架（圖489）；接著，用左手抓壓對方的右踝，使其右腿下落，上體前傾，同時，身體迅速左轉，右腿隨之屈膝上提，用膝關節撞擊對方的腹腔神經叢（圖490）。

圖489　　　　　　　　　　　　圖490

要點：壓腿、轉體、頂膝一氣呵成；頂膝時要收腹展胯。

30.攻方：右腿側踹

守方：兩掌根相對接其右腿（圖491）；接著，兩手迅速抓住對方的右腳回拉，同時，右腿前蹬，用腳前掌蹬擊對方的腹部（圖492）。

圖491　　　　　　　　　　　圖492

要點：兩掌堵截後要迅速抓住對方的右腳使其不能逃脫；右蹬時，雙手有力回帶和蹬腿產生撞擊，以增加擊打效果。

## ㈡　對付匕首攻擊的防守反擊

由於攻擊者持有匕首，加大了攻擊的距離和危險性，因此，防守者必須和攻擊者保持一定的距離，判斷要準確，選擇對方的薄弱環節進行反擊。在防守反擊的過程中要冷靜沉著，以便使防禦動作更精確有效。

1.攻方：持匕首抵住守方的腹部（圖493）

守方：右腳後撤一步，同時，身體右轉，用左手抓住對方的右前臂（圖494）；接著，左腳迅速後撤，同時，右手抓握對方的右腕（圖495）；身體左轉，用雙手別轉對方的手腕，使其倒地（圖496）。

圖 493　　　　　　　圖 494

圖 495　　　　　　　圖 496

要點：右腿撤步時，身體右轉要快；左手抓握對方的前臂
要迅猛；別腕時，雙手要反向用力，同時擰轉，使對方的手腕
極度地屈曲。

2.攻方：持匕首抵住守方的腰部（圖 497）

守方：身體右轉，右腳向右側移步，同時，左手抓住對方
的前臂（圖 498）；接著，右手抓住對方的腕部，雙手高舉過
頭，同時，右腳向對方的右腳外側上步（圖 499）；隨即身體左
轉，左腳向後撤步，同時，雙手擰轉對方的右臂，使對方的匕
首朝其自己的腹部運動（圖 500）；再用力回帶，使匕首刺向攻
方的腹部（圖 501）。

圖 497　　　　　　　　　　圖 498

圖 499　　　　　圖 500　　　　　圖 501

要點：雙手抓握對方的右臂後，要迅速轉身、擰腕；引匕首刺擊對方的腹部要短促發力，身體下壓。

3.攻方：持匕首抵住守方的頸部（圖 502）

守方：左腳向右側移步，同時，用右手刀外截對方的右腕（圖 503）；接著，左腳迅速上步，同時，右手抓住對方的腕部，擰轉上提，左手抓按對方的左肩關節下壓（圖 504）。

要點：擰腕壓肩時要協同用力，形成杠杆；同時，身體下壓作用於左手，使對方前傾。

4.攻方：持匕首抵住守方的腰部，同時，左手擰握守方的左手（圖 505）。

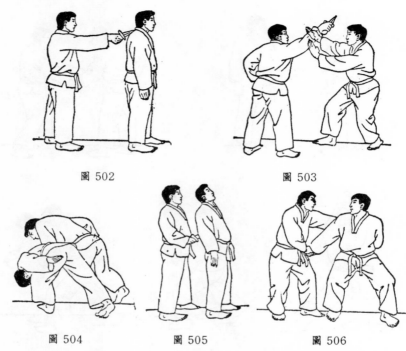

圖 502　　　　　　　　　圖 503

圖 504　　　　　圖 505　　　　　圖 506

　　守方：左腳向前上步，同時，身體右轉，用右弧形手推擊
對方的右腕（圖506）；接著，右手抓住對方的右腕回帶，右腿
屈膝上提，由屈到伸踹擊對方的腹部（圖507、508）。

圖 507　　　　　　　　　圖 508

要點：轉身、抓腕回帶和側踹要迅猛有力，一氣呵成。側踹時，右手用力回帶，使對方儘量前衝。

5.攻方：持匕首貼住守方的頸部右側（圖 509）

守方：身體左轉，右腳隨之向左側移步，同時，用左手刀外格對方的前臂（圖 510）；接著，右腳向前上步，同時，左臂夾緊對方的肘關節上提，右弧形手掐擊對方的喉部並下按，使其倒地（圖 511）。

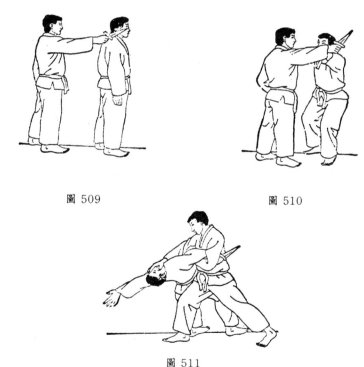

圖 509　　　　　　　　圖 510

圖 511

要點：夾臂要固肘上提，使其右肘反關節；掐擊時，手指要緊扣對方的喉部。

6.攻方：持匕首面對守方（圖 512）

守方：當攻方進步前刺時，右腳迅速向右側移步，同時，用左前臂格擋對方的右腕（圖513）；接著，身體左轉、擰腰，用右肘橫擊對方的下頦（圖514）。

圖512

圖513　　　　　　　　　　圖514

要點：擊肘時要靠近對方身體，擰腰、合肩、夾肘，發力迅猛。

7.攻方：持匕首面對守方（圖515）

守方：當攻方舉匕首下扎時，右腳迅速回撤，身體後閃（圖516）；接著，左腳後撤，同時，用左手前臂外格對方的右臂（圖517）；然後，左腳上步，用右拳擊打對方的人中部位或下頦（圖518）。

圖 515　　　　　　　　圖 516

圖 517　　　　　　　　圖 518

要點：腳的進退要靈活迅速；衝拳時擰腰順肩，力達拳面。

8.攻方：持匕首面對守方（圖519）

守方：當攻方左腳上步，揮刀橫抹時，左腿退步後閃（圖520）；當攻方右腳上步，揮刀下劈時，右腳退步，同時，用左前臂上架，阻擋對方的前臂（圖521）；接著，左手抓握對方的左臂，右手迅速抓握對方的頸部屈肘回帶，同時，用右膝撞擊

對方的肘部（圖 522、523）。

圖 519

圖 520　　　　　　　　　　圖 521

圖 522　　　　　　　　　　圖 523

要點：後閃要敏捷；撞膝時，右手要緊搋對方的頸部回帶

並下壓，和撞膝形成合力，提高擊打的效果。

9.攻方：持匕首面對守方（圖524）

守方：當攻方右腳上步，向前直刺時，右腳迅速後退，同時，左腿裡合踢擊對方的前臂（圖525）；接著，身體右轉，左腳下落支撐，同時，右腿直膝向後方弧形上擺，用腳掌掃擊對方的太陽穴（圖526、527）。

圖 524　　　　　　　　　圖 525

圖 526　　　　　　　　　圖 527

要點：裡合、後擺要合髖擰腰，銜接迅速。

10.攻方：持匕首面對攻守方（圖528）

守方：當攻方右腳上步，舉匕首下扎時，右腳向右側移步，同時，用左手刀外截對方的右腕（圖529）；接著，左手抓握對方的右腕下壓，同時用右手刀砍擊對方的右踝並用力上

挑，使其失重倒地（圖530、531）。

圖 528　　　　　　　　　圖 529

圖 530　　　　　　　　　圖 531

　　要點：左手的下壓和右手的上挑要協調用力，同時配合以腰腿的發力。

### ㈢　對付長刀攻擊的防守反擊

　　對付長刀進攻的防守反擊技術與對付匕首進攻的技術基本相同。但由於對方持長刀，其運動範圍很大，且殺傷力也大，因此，防守者在進行防守反擊時，必須格外謹慎、淸醒，尤其是對距離的判斷要非常準確。實施反擊時，要儘量靠近對方，使其長刀無法發揮作用，被動變爲主動，充分發揮自己的近身

擊打技術。

1.攻方：舉刀劈砍守方的頭部

守方：右腳迅速上步，身體前迎，同時，雙手抓握對方的右腕托架（圖532）；接著，左腳向右腳後側移步，身體左轉再擰腰右轉，同時，右臂由屈到伸發力，用拳背擊打對方的腹部（圖533、534）。

圖532

圖533

圖534

圖535

要點：判斷準確，雙手抓握上架有力。在擊拳時，用腰腹的力量配合，力點準確。

2.攻方：持刀面對守方（圖535）

守方：當攻方舉刀進步劈砍時，左腳迅速向左側移步，身體向左側閃躲（圖536）；接著，左腳支撐，用右腳背彈擊對方

的腹腔神經叢（圖537）。

圖 536　　　　　　　　　　　　圖 537

　要點：側閃和彈腿的銜接要緊湊。彈腿迅猛，力達腳背。

　3.攻方：持刀面對守方（圖538）

　守方：當攻方進步直刺時，身體左轉，左腳向右腳後側移步，閃開對方的刺刀，同時，用右前臂下截對方的手腕（圖539）；接著，身體迅速右轉，同時，用右拳背猛擊對方的下頦（圖540）。

圖 538　　　　　　　　　　　　圖 539

圖 540

圖 541

　　**要點：** 下壓時要沉肩固肘；彈擊時，以肘關節發力，同時，後腿蹬地和擰腰助力。

　　4.攻方：持刀面向守方（圖 541）

　　守方：當對方進步直刺時，雙腳蹬地向左前方跳起，閃開對方的直刺（圖 542）；接著，左腳落地支撐，右腿迅速側踹對方的肋部（圖 543）。

圖 542

圖 543

　　**要點：** 起跳後要向左前落地，儘量接近對方。落地後，右腿迅速發力踹擊，力達腳跟。

　　5.攻方：持刀面對守方（圖 544）

　　守方：當攻方進步舉刀下劈時，迅速屈膝下蹲，雙手扶地支撐地面（圖 545）；接著，左腿屈膝上提，由屈到伸踹擊對方

的腹部（圖 546）。

圖 544

圖 545

圖 546

圖 547

要點：下蹲的時機一定要準確。待對方前撲時，左腿踹擊產生撞擊，增加擊打的力量。

6.攻方：持刀面對守方（圖 547）

守方：當攻方揮刀上撩時，右腳迅速向右前方移步，身體側閃（圖 548）；接著，右腿支撐，左腿屈膝上提，由屈到伸踹擊對方的胸部（圖 549）。

要點：側閃的同時，左腿就要屈膝上提。側踹時展腹、展髖，力達腳前掌。

7.攻方：持刀面對守方（圖 550）

守方：當攻方揮刀右劈時，迅速後撤，閃開劈刀（圖
551）；當攻方繼續揮刀左劈時，右腳撤步，同時，用左前臂上
架對方的雙臂（圖552）；接著，擰腰轉胯，用右拳面擊打對方
的腹部（圖553）。

圖 548　　　　　　　　　　圖 549

圖 550　　　　　　　　　　圖 551

要點：閃躲敏捷；左臂上架和右拳的擊打連貫；腰腿發
力，以助拳勢。

8.攻方：持刀面對守方

守方：當攻方向右平砍時，屈膝下蹲，身體下潛閃躲（圖
554）；當攻方轉身繼續右砍時，右腳後撤，迅速用右掌推擊對

方右肩封堵，同時，左拳用力擊打對方的腰部（圖 555、556、557）。

圖 552

圖 553

圖 554

圖 555

圖 556

圖 557

要點：在對方第二刀尚未砍擊時，右手推肩阻擊，使其不能轉身揮刀。

### ㈣　對付手槍攻擊的防守反擊

這是一種特殊的情況，通常持槍的歹徒是非常凶殘的，因此，在對付他的襲擊時，要保持鎮定，設法避開槍口。實施反擊時，儘量靠近對方，用腳踢或打擊落他的手槍，或擰轉他的手腕繳械。

1.攻方：持槍頂住守方的肋部（圖558）

守方：左腳向後撤步，同時，左手掀住對方的右腕並推開槍口（圖559）；接著，左腳上步，身體右轉，同時，右、左手

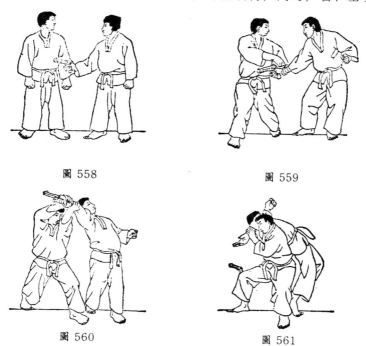

圖558　　　　　　　　　圖559

圖560　　　　　　　　　圖561

握對方的右腕，向上搖擺對方的右臂，扛於自己的右肩上並用力下搬使手槍掉地（圖560、561）。

　　要點：左手抓抓握對方的右腕後一定要推開槍口；扛臂時要使對方的背儘量貼靠在自己的肩上。

　　2.攻方：持槍頂住守方的腹部（圖562）

　　守方：右腳支撐，身體迅速左轉，同時，用右手外截並抓握對方的右腕（圖563）；接著，身體繼續左轉，左腳向對方的兩腳間落步，同時，右手抓握對方的右腕回帶，左臂屈肘，用肘部頂擊對方的下頦（圖564）。

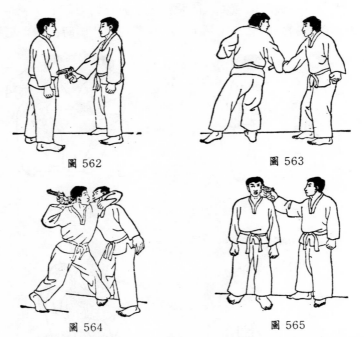

圖 562　　　　　　　　　　圖 563

圖 564　　　　　　　　　　圖 565

　　要點：頂肘要擰腰並肩；右手回帶迅猛，使對方身體前傾，以獲得更佳的頂肘效果。

3.攻方：持槍頂住守方的太陽穴（圖565）

守方：左腳上步，身體隨之左轉，同時，左手格開對方的右腕並抓握（圖566）；接著，左手回帶，右手抓握對手的頸部用力下按，同時，右腿屈膝上提，用膝尖撞擊對方的腹部（圖567、568）。

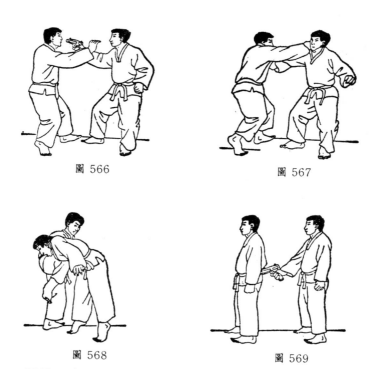

圖566　　　　　　　圖567

圖568　　　　　　　圖569

要點：左手的回帶，右手的箍頸下按和右膝的頂擊要協調用力，形成一個整力，使對方遭重創。

4.攻方：持槍頂住守方的後腰（圖569）

守方：左腳支撐，身體左轉，同時，用左手刀外截對方的右腕（圖570）；接著，右腳落地，身體左轉擰腰，同時，用右

手刀砍擊對方的頸部（圖 571）。

圖 570　　　　　　　　圖 571

要點：右手刀砍擊時，要借助轉體和擰腰的力量。

5.攻方：持槍頂住守方的後背（圖 572）。

守方：身體右轉，右腳上步，同時，右臂夾住對方的前臂，右手托肘（圖 573）；接著，左腳上步，同時，左臂夾緊對方的右臂，左手上托其肘關節，右手下捋至其右腕抓握並擻腕，使其繳械（圖 574、575）。

圖 572　　　　　　　　圖 573

要點：夾臂要緊，左手上托對方肘部和右手的擻腕協同用力，使其手腕極度的屈曲。

6.攻方：持槍面對守方

守方：看準目標，迅速用右腿裡合，踢掉對方的手槍（圖576）；接著，右腳落地，身體隨之左轉，同時，左腿直腿向後掃擺，用腳跟掃擊對方的頸部（圖577、578）。

圖 574　　　　　　　圖 575

圖 576　　　　　　　圖 577

圖 578　　　　　　　圖 579

　　要點：裡合、後擺要迅猛，同時，借助擰腰轉體的力量作用於左腿，加大左腿的掃擺力量。

　　7.攻方：持槍對準守方的後背（圖 579）

　　守方：身體前傾，同時，右腿迅速後撩，踢落對方的手槍（圖 580）；接著，右腳下落支撐，同時左腿屈膝上提，由屈到伸向後蹬擊，用腳跟蹬擊對方的腹部（圖 581、582）。

圖 580　　　　　　　　　　圖 581

圖 582

　　要點：後撩要準確有力，後蹬時展腹展髖，力達腳跟。

　　8.攻方：持槍面對守方（圖 583）

　　守方：左腳向前上步，身體側閃，同時，左手抓住對方的

右腕（圖 584）；接著，右手抓住對方的右腕，雙手迅速回帶使其身體前傾，同時，右腳撩踢對方的襠部（圖 585、586）。

圖 583　　　　　　　　　圖 584

圖 585　　　　　　　　　圖 586

　　要點：左手抓握對方的右腕時要推開槍口，撩踢時，雙手用力回帶，注意保持身體平衡。

# 七、跆拳道的練習方法

　　跆拳道的練習是爲了不斷提高愛好者的技術水平，發展達到高技術水平所必要的各種身體素質。練習者通過科學的練習，可以強化已學習的各種擊打動作，並加以靈活運用，同時，提高各種身體素質，增進健康，發揮潛能，以達到成爲一名跆拳道高手的目的。

　　跆拳道的練習通常包括兩方面的內容，一是技、戰術練習，二是身體素質練習。

## ㈠　技術、戰術的練習

### 1.對鏡練習

　　對鏡練習是自我模仿練習的一種。通過個人的對鏡練習，可以正確地掌握基本動作，體會各種攻防動作的路線、方向、力點。同時，通過鏡子的反饋，可以及時糾正錯誤，建立良好的動作概念，並不斷強化、形成正確的動力定型。

### 2.「喂」靶練習

　　喂靶練習是同伴或敎練員持手靶或腳靶不斷變化方向和位置，要求練習者迅速反應，進行擊打的一種練習方法。通過喂靶練習可以有效地提高練習者的反應速度、應變能力和攻防動作的準確性，熟練掌握在各種情況下的擊打動作。

喂靶練習時，同伴或教練員遞靶要遵循由慢到快、由簡到繁、由易到難的原則，不斷提高難度。

### 3.沙袋練習

沙袋練習是跆拳道練習的一種重要方法，也是提高腿法擊打力量和速度的有效手段。因此，跆拳道選手要花費很多時間進行擊打沙袋的練習。沙袋練習的最大好處是，練習者可以自由地充分發揮身體的全部力量去擊打目標，體驗和目標接觸瞬間的肌肉感覺。通過沙袋的練習不僅可以提高擊打的速度和力量，而且可以提高承受能力、平衡能力、距離感和準確性等各種必要的素質。

沙袋的重量要因人而異，以充分發揮技術為原則。通常成年初學者，使用 20 公斤的沙袋或再輕些的沙袋。一個體重 60 公斤的選手使用 25 公斤的沙袋更合適。

沙袋的高度要適宜，過高或過低都不利於技術的發揮，而且可能會產生錯誤的姿勢。

進行沙袋練習時，沙袋可以是靜止的，也可以是擺動的。靜止的沙袋適合初學者練習，初學者因動作尚未定型，而面對靜止的目標，可以有時間思考如何發力擊打，以及擊打的路線、方向和力點等，這樣有助於提高動作的質量。擺動的沙袋一般適合已牢固掌握動作，需進一步提高功力的高水平選手，因沙袋大幅擺動會產生很大的勢能，在擊打時，身體要承受很大的撞擊力。因此使用擺動沙袋練習時，要特別注意擊打的距離和擊打的時機。如果使用不當，容易造成損傷。

沙袋練習的範圍很廣，各種手法和腿法都可以進行練習。下面以側踹腿為例，介紹踢擊沙袋的具體方法：

(1)推動沙袋前擺，做好準備姿勢（圖 587）。

⑵當沙袋回擺時，左腳支撐，右腿屈膝上提（圖 588）。

⑶在沙袋即將擺至垂直位置時，左腳前掌蹍轉，身體隨之左轉，擰腰轉髖，右腿迅速側踹，用腳跟踹擊沙袋的中部（圖 589）。

⑷恢復的準備姿勢（圖 590）。

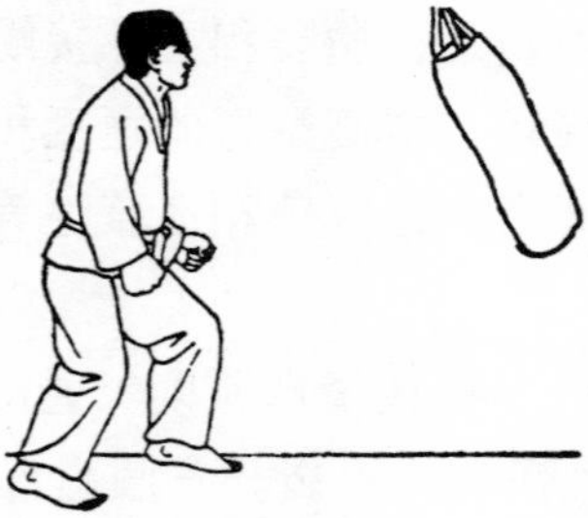

圖 587

圖 588

圖 589

圖 590

要點：

①踹擊要有穿透力，使向前擺動的沙袋後擺。

②以支撐腿的腳前掌迅速蹍轉，配合轉腰的軀幹發力。

③支撐腿站穩，保持踹擊過程中的身體平衡。

4.攻守練習

　　攻守練習是兩人一組，運用各種進攻和防守技術進行的格鬥練習。這種練習，是進入實戰練習前的必要階段。通過攻守練習可以熟練掌握各種進攻和防守動作在不同情況下的運用，提高擊打的時機、準確性，獲得更豐富的經驗，爲實戰做技術、戰術及心理狀態的準備。

　　相互的攻守練習時，因雙方不戴護具，所以要求練習者特別注意擊打的力量和部位，以免發生傷害事故。

　　練習的時間可以按照比賽規定的時間進行，也可以超過練習，增加局數。

### 5.實戰練習

　　實戰練習是跆拳道訓練的最後階段，是雙方穿戴護具，按正式比賽的規定和要求進行練習。由於實戰是在緊張、激烈和瞬息萬變的情況下進行的，故可有效地提高運用技術戰術的能力，增強自信心，豐富臨場比賽的經驗。實戰練習也是檢驗練習者技術水平的最有效的手段。

### ㈡　身體素質的練習

　　身體素質的好壞對提高技術水平至關重要，健康的身體和高度發展的運動素質能保證練習者更好地掌握繁雜技術和戰術，承擔大負荷練習和激烈的比賽。

### 1.力量練習

(1)俯臥撐

　　兩腳併攏，兩拳撐地，兩拳距離寬於肩，身體收腹挺直。然後，屈肘下俯，再伸肘撐起（圖591、592）。俯臥撐也可以用掌或拇指、食指支撐。

(2)立臥撐

圖 591　　　　　　　　　　圖 592

①身體直立；然後，雙腿屈膝下蹲，兩拳撐地；接著，兩腿向後蹬，身體挺直（圖593）。

②收腹收腿，然後兩腿蹬地跳起，身體直立騰空（圖594）。落地後重複①的動作。

圖 593　　　　　　　　　　圖 594

(3)收腹跳

兩腿蹬地跳起，上體直立，兩腿屈膝上提收至胸腹間（圖595）。落地後立即再蹬地跳起，重複練習。

圖 595　　(4)拉橡皮帶踢腿練習

將橡皮帶一端固定在肋木或樹幹上，另一端套於踝關節，做各種腿法的練習。

(5)踢打沙袋練習

選擇適合重量的沙袋，用各種手法和腿法擊打沙袋。擊打沙袋可以是一個動作的反覆練習，也可以是多種動作的組合練習。

(6)踢打木板或磚瓦練習

這是跆拳道功力訓練的獨特方法，同時，也是檢驗擊打力量的主要手段。踢打木板或磚瓦時，要考慮自身的承受能力，逐漸加厚加硬木板或磚瓦。

### 2.柔韌練習

跆拳道多腿法，因此對腿部的柔韌性要求甚高。在柔韌練習中主要以腿的柔韌練習為主。

(1)正壓腿

面對肋木或一定高度的物體，併步站立，一腿放在肋木上，另一腿直膝支撐；兩手扶按膝關節，立腰收髖；上體前屈並向前、向下做壓振動作（圖596）。練習時，左右腿交替進行。

圖 596

(2)側壓腿

側對肋木或一定高度的物體，一腿支撐，腳尖稍外撇，另一腿的腳跟擱於肋木上；右臂上舉；兩腿伸直，立腰開髖，上體向腳尖側壓（圖597）。練習時，左右腿交替進行。

圖 597

圖 598

(3)後壓腿

背對肋木或一定高度的物體，兩手叉腰或扶一定高度的物體物體，一腿支撐，另一腿後舉，腳背擱在肋木上，腳面繃直；上體後屈並做壓振動作（圖 598）。練習時，左右腿交替進行。

(4)僕步壓腿

兩腳左右開立，一腿屈膝全蹲，另一腿挺膝伸直，身體向直腿一側振壓（圖 599）。練習時，左右腿交替進行。

圖 599

(5)豎叉

兩手左右扶地或自然下垂；兩腿前後分開直線，前腿後側著地，腳尖勾起，後腿的內側或前側著地；上體向前振壓（圖 600）。

圖 600

(6)橫叉

兩手在體前扶地，兩腿左右分開成直線，上體俯臥或側傾（圖 601）。

圖 601

(7)盤腿前俯

兩腿屈膝盤坐，兩腳掌相對；
兩手握住兩腳；上體前俯（圖
602）。

圖 602

### 3.速度練習

(1)疾跑練習

採用 30 公尺、60 公尺的衝刺跑練習。

(2)踢擊樹枝練習

面對樹枝，反覆用腿踢擊樹葉。要求在限定的時間裡完成
一定的踢擊次數。

(3)單個動作的快速練習

選擇一個簡單的手法或腿法進行重複練習，要求頻率快，
動作準確。

### 4.耐力練習

(1)越野跑

選擇適合與環境，採用小強
度，長負荷時間的長跑練習。

(2)跳繩

雙腳跳或兩腳交替的單腳跳均
可（圖 603）。在搖繩頻率不變的
情況下，保持較長時間練習。

圖 603

(3)沙灘的跑跳練習

在海邊的沙灘上，進行各種的跑跳練習。練習時，要保持

一定時間，通常要堅持 3 — 5′。

### ㈢準備練習

在跆拳道練習前，必須做伸展肌肉、關節和韌帶的準備活動，否則很容易造成肌肉韌帶的扭傷或其它損傷。

1.頸部運動

⑴兩腳開立與肩同寬，兩手叉腰，頭向左轉（圖 604）。

⑵頭向右轉（圖 605）。

⑶向前低頭（圖 606）。

⑷向後仰頭（圖 607）。

⑸、⑹、⑺、⑻做從左向後、向右、向前的頸部繞環。

圖 604　　　　　　　　圖 605

圖 606　　　　　　　　圖 607

## 2.擴胸運動

(1)兩腳直立，腳跟併攏；兩手握拳，直臂向前平舉，兩臂與肩同寬（圖 608）。

(2)兩臂向兩側平分，擴胸（圖 609）。

(3)兩臂向胸前平移，含胸（圖 610）。

(4)兩臂直臂下落，置於體側（圖 611）。

(5)、(6)、(7)、(8)重複(1)至(4)的動作。

圖 608　　　　　　　　　圖 609

圖 610　　　　　　　　　圖 611

## 3.體轉運動

(1)兩腳開立，與肩同寬；兩手握拳，向前平舉（圖 612）。

(2)身體左轉，兩臂側擺；左臂伸直，右臂屈肘，眼視後方 （圖613）。

(3)身體右轉，兩臂直臂前移（圖614）。

(4)兩臂直臂下擺，置於體側（圖615）。

圖612

圖613

圖614

圖615

(5)、(6)、(7)、(8)做向右的體轉動作。

### 4.體側運動

(1)兩腳開立，與肩同寬；兩臂向兩側平舉（圖616）。

(2)左臂上舉，右臂屈肘，右手叉腰；身體向右側彎（圖

617）。

　　(3)上體直立，兩臂向兩側平舉（圖 618）。

　　(4)兩臂向下交叉於腹前（圖 619）。

　　(5)、(6)、(7)、(8)做向左的體側動作。

圖 616

圖 617

圖 618

圖 619

## 5.腹背運動

(1)兩腳開立，身體前俯，兩手撐地（圖 620）。

(2)身體直立，兩手叉腰（圖 621）。

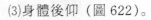
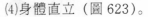

圖 620

圖 621

(3)身體後仰（圖 622）。

(4)身體直立（圖 623）。

圖 622

圖 623

(5)、(6)、(7)、(8)重複(1)至(4)的動作。

6.蹬伸運動

(1)兩腳開立，腳跟併攏；兩手握拳，直臂前平舉（圖 624）。

(2)兩腿屈膝下蹲，腳跟提起；兩臂下擺（圖 625）。

(3)兩腿蹬伸，身體直立；兩臂直臂上舉（圖 626）。

(4)兩臂下擺置於體側（圖 627）。

(5)、(6)、(7)、(8)重複(1)至(4)的動作。

圖 624　　　　　　　　　　圖 625

圖 626　　　　　　　　　　圖 627

# 八、跆拳道的等級制度

## ㈠ 制訂等級的意義

跆拳道的等級用於評定一名跆拳道練習者對跆拳道的學識造詣和技術水平。

跆拳道的等級分爲十級、九段，共十九個等級。初學者從十級開始至一級，然後再入段。段位由一段到九段。最高的段位爲九段。

跆拳道用九段作爲其最高的技術水平等級，這有其一定的數字意義。9 是個位數中最大的，且是 3×3 的乘積。在東方國家中，3 是一個很受人們尊重的數字，在漢語裡，3 被寫成三，其意義是：上面一橫代表天，下面一橫代表地，中間一橫代表人，即融天、地、人爲一體，寓意天地人的關係。同時，三和王又近似。故此，跆拳道用九段作爲最高的段位不僅只是個數字等級，而且包含了古樸的東方哲理。

從十級至一級是初學者的等級。從初段至 3 段被認爲是黑帶新手的段位，從 4 段到 6 段屬於高水平的段位，7 段到 9 段是授予那些有很高學識造詣的傑出人物的段位。

## ㈡　跆拳道的晉級標準

### 1.學習時數和年限

⑴由初學者到晉升初段有三種課程

第一種：18 個月的課程。要求每天學習 1 小時或半小時，一周六天，共計 702 學時。

第二種：30 個月的課程。要求每天學習 1 小時或半小時，一周三天，共計 585 學時。

第三種：12 個月的課程。要求每天學習 4 小時，一周六天，共計 1248 小時。

各個等級晉升所需的時數見「學習時數表」。

### 學習時數表

| 級別 | 月　　　　　份 | | |
|------|:---:|:---:|:---:|
| | 3 | 18 | 12 |
| 十級 | 2 | 1 | 1 |
| 九級 | 2 | 1 | 1 |
| 八級 | 2 | 1 | 1 |
| 七級 | 2 | 1 | 1 |
| 六級 | 3 | 2 | 1 |
| 五級 | 3 | 2 | 1 |
| 四級 | 3 | 2 | 1 |
| 三級 | 4 | 2 | 1 |
| 二級 | 4 | 3 | 2 |
| 一級 | 5 | 3 | 2 |

⑵入段後各段位晉升所需的年限

各段位晉升所需的年限見「升段年限表」。

### 2.晉級考核的內容和標準

初學者由十級至一級各級的晉級考核可在其練習的跆拳道館中

進行。

## 年段年限表

| 段位 | 年限 |
|------|------|
| 1 段 | 1.5 |
| 2 段 | 2 |
| 3 段 | 3 |
| 4 段 | 4 |
| 5 段 | 5 |
| 6 段 | 6 |
| 7 段 | 7 |
| 8 段 | |
| 9 段 | |

　　一段至三段的晉級考核，須由國家跆拳道協會組成一個3至7人的晉級委員會進行考核。

　　四至八段的晉級考核，須由世界跆拳道聯盟晉級委員會進行考核。

　　晉升九段，須由世界跆拳道聯盟組成一個特別委員會進行評審。

　　每個等級都有相應的考核內容，一般考核型、擊打技術和功力三方面的內容。但兒童選手不參加功力的考核，以免造成骨骼和肌肉的損傷。參加晉級考核的選手其平均考核成績達60分就可及格通過。每超過或低於及格分數10分的，將相應地升級或降級。

　　跆拳道練習者的腰帶是根據其技術等級不同而有所區別。通常初學者繫白帶，六級至四級繫藍帶，三級至一級繫紅帶。入段後繫黑帶。

# 九、跆拳道競賽規則

### 第一條　目的

制定本競賽規則的目的，是爲了保證由世界跆拳道聯盟、洲際跆拳道聯盟及成員協會舉辦的各級比賽公正合理地進行，使一切事項規則化。

### 第二條　適用範圍

本競賽規則適用於由世界跆拳道聯盟、洲際性跆拳道聯盟和成員協會舉辦的所有比賽。

㈠、任何成員協會爲了有利於本國協會的工作，要求修改世界跆拳道聯盟競賽規則的有關內容，須得到世界跆拳道聯盟執委會的批準。

㈡、任何成員協會要求使用本國語言的世界跆拳道競賽規則，其譯本須得到世界跆拳道聯盟執委會的批準。

### 第三條　競賽場地　(圖 628)

競賽場地應鋪由世界跆拳道聯盟認可的木板或泡沫塑膠板，表面應平坦整潔。競賽場地爲 12 公尺米見方，其內不得有任何障礙物。如果需要，可使用代用競賽台，但其高度不得超過 20 公分。

(一)、境界線、競技區

競賽場內以7.5公分寬的白線，畫出8公尺的正方形，該線稱為境界線，境界線以內的正方形場地稱為競技區。

(二)、裁判員、運動員、教練員的位置

1.主裁判的位置

自競技區中心點，面向陪審席方向，後退1.5公尺，畫一個直徑15公分的白色圓圈，為主裁判的位置。

2.邊裁判的位置

在競技區四角，面向中心點，後退50公分，各畫直徑15公分的白圈，圈內分別以黑字標寫1、2、3、4，這四個白圈為邊裁判的位置。陪審席左邊的為1號裁判的位置，左前方為2號邊裁判的位置，右前方為3號邊裁判的位置，右邊的為4號邊裁判的位置。

3.陪審席位置

距主裁判位置前方境界線中心點至少3公尺的地方為陪審席，此處應放置桌子和椅子。

4.運動員的位置

距離競技區中心點，左右各1公尺，畫直徑15公分的圈，為運動員的位置。主裁判的左邊為紅方運動員，右邊為藍方運動員。

5.教練員的位置

在藍、紅運動員位置，各所接近的境界線中心點，後退3公尺的地方，畫直徑15公分的圈，為藍、紅教練員席。此處應備教練座椅。

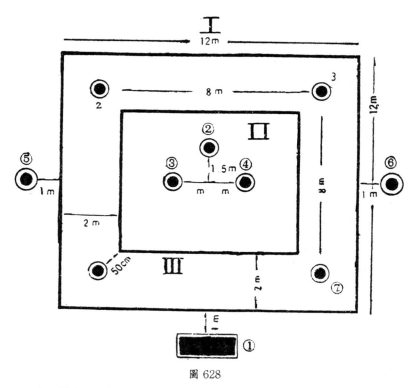

圖 628

　　註：競賽場地如圖 628 所示。圖中 I 爲場外，II 爲競技場，III 爲境界線。①爲陪審裁判團席；②爲主裁判位置；③爲藍方運動員位置；④爲紅方運動員位置；⑤爲藍方敎練員位置；⑥爲紅方敎練員位置；⑦爲邊裁判員位置。

## 第四條　運動員

㈠、運動員資格

參加任何級別跆拳道比賽的運動員均須具備下列條件：

1.持有參賽國的國籍和居住證。

2.須由本國跆拳道協會報名。

㈡、服裝

1.參賽運動員，必須穿由世界跆拳道聯盟規定的統一服裝，戴護頭、護胸、護襠、護臂和護脛等護具。

2.參賽運動員須在上衣的肩上佩帶號碼。

3.參賽運動員不得穿戴其他附屬品，如眼鏡、戒指、鞋子及手錶等等。

㈢、藥物使用的限制

參賽運動員在比賽前或比賽中，一律禁止服用或注射任何含酒精及刺激性的藥物。違者取消其競賽資格。

## 第五條　　體重分級

體重分為以下幾個等級：

㈠、男子體重分級

| 種類 | 重量 |
| --- | --- |
| 1.鰭量級 | 50 公斤以下 |
| 2.蠅量級 | 50～54 公斤 |
| 3.雛量級 | 54～58 公斤 |
| 4.羽量級 | 58～64 公斤 |
| 5.輕量級 | 64～70 公斤 |
| 6.次中量級 | 70～76 公斤 |
| 7.中量級 | 76～83 公斤 |
| 8.重量級 | 83 公斤以上 |

㈡、女子體重分級

| 種類 | 重量 |
| --- | --- |

　1.鰭量級　　　　　　43公斤以下

　2.蠅量級　　　　　　43～47公斤

　3.雛量級　　　　　　47～51公斤

　4.羽量級　　　　　　51～55公斤

　5.輕量級　　　　　　55～60公斤

　6.次中量級　　　　　60～65公斤

　7.中量級　　　　　　60～70公斤

　8.重量級　　　　　　70公斤以上

## 第六條　稱量體重

　　參賽運動員在比賽期間，每天都要在指定時間和地點稱量體量（裸體稱量）。比賽的第一天應在比賽前兩小時稱量體重，以後每天賽前一小時稱量體重。必要時，稱量體重的時間在得到世界跆拳道聯盟執委會的批準後可以改變。

## 第七條　　競賽分類和競賽辦法

　　競賽分團體對抗賽和個人賽（以淘汰賽方式進行）。

　　㈠、團體對抗賽沒有體重限制，每隊由五名正式隊員和一名替補隊員組成。比賽時，按預先配對順序進行比賽，凡勝三場者為勝隊。在正式隊員受傷時，替補隊員可以參加比賽。

　　㈡、個人賽按體重分級進行比賽，根據每個級別的比賽結果，產生各級別的冠軍、亞軍和第三名。

　　㈢、團體成績的評定，按本條第二款個人優勝名次，以預先決定的評定方法評定。

　　1.積分式：各隊將個人賽中所得的名次換算成得分，按累計總分的高低評定名次（個人賽冠軍為12.5分，亞軍為9分，季軍為6

分)。

2.獎牌式：按金、銀、銅牌的順序，以獲得獎牌數多少評定團體名次。金牌總數多者列前；若金牌總數相等，則銀牌總數多者列前，以此類推。

㈣、參加淘汰賽的運動員超過 4 人時，應在第一輪比賽時選出輪空運動員，以保證在第二輪比賽時，參賽運動員人數符合 4、8、16……比例。第一輪比賽輪空的運動員，在第二輪比賽時，先進行比賽。但是，一場比賽必須有超過 3 名運動員或隊參加才能進行。比賽的辦法和種類由執委會作出選擇。

## 第八條　抽簽

競賽日程安排通過抽簽確定。抽簽在比賽前一天由大會指定的人員負責進行。世界跆拳道聯盟的官員和參賽國的代表出席抽簽儀式。

抽簽順序從輕級別開始，按照各參賽國提交給世界跆拳道聯盟的正式名稱的字母順序進行。報名參賽 而未到場抽簽者，由大會指定人員代爲抽簽。

## 第九條　比賽時間

正式比賽時間，每場分爲 3 局，每局時間 3 分鐘，局間休息 1 分鐘。如果需要，每局時間可以縮短爲 2 分鐘，局間休息 30 秒。

## 第十條　檢錄

賽前 3 分鐘檢錄員進行第 1 次檢錄，以後每隔 1 分鐘檢錄一次，共 3 次。運動員在第 3 次檢錄後 1 分鐘不到，即被取消比賽資格。

## 第十一條　比賽開始和結束

每場比賽都由主裁判宣布「開始」而開始，主裁判接到計時員發出的到時信號，宣布「停」而結束。

## 第十二條　比賽開始和結束時裁判員、運動員的位置

㈠、運動員在指定的藍、紅位置，面向陪審席站立。

㈡、主裁判站在主裁判位置，面向陪審席。

㈢、邊裁判員坐在競技區四角的邊裁判員位置，面向中心點。

㈣、陪審裁判坐在陪審席，面向主裁判和運動員。

## 第十三條　比賽開始前和結束後的儀式

㈠、個人賽開始前的儀式

1.運動員依主裁判「立正」、「敬禮」的口令與動作，立正向陪審席敬禮。

2.運動員依主裁判「向左、右轉」的口令與動作，面對面立正站好；再依「敬禮」的口令與動作，相互敬禮。

3.主裁判依次檢查藍方運動員和紅方運動員的服裝、護具。

4.主裁判宣布「準備（口令與動作）」、「第幾局（口令與動作）」、「開始（口令與動作）」使比賽開始。

㈡、個人賽結束後的儀式

1.運動員自動在各自的位置面對面站好。

2.運動員依主裁判「立正」、「敬禮」的口令與動作，相互敬禮。

3.運動員依主裁判「向左、右轉」及「敬禮」的口令與動作，轉向陪審席，向陪審裁判敬禮。

4.主裁判收取各邊裁判員的評分表，送到陪審席，得到陪審對勝負作出判定後，走到藍、紅運動員之間，面向陪審席站立。

5.宣布勝者（舉起獲勝者的左手或右手）。

6.退場。

㈢、團體對抗賽開始前的儀式

1.藍、紅兩隊全體運動員，依名單順序，面向陪審席，成縱隊站立。

2.運動員依主裁判「敬禮」的口令和動作，向陪審敬禮。

3.運動員依主裁判「向左、右轉」及「敬禮」的口令與動作，面對面站好並相互敬禮。

4.兩隊運動員退出競技區。回到指定的位置，等待按順序比賽。

5.按個人賽規則進行比賽。

㈣、團體對抗賽結束後的儀式

1.在最後一對運動員比賽結束後，藍、紅兩隊的全體運動員立即進入競技區，面對面站立。

2.運動員依主裁判「立正」、「敬禮」的口令與動作相互敬禮。

3.運動員依主裁判「向左、右轉」的口令與動作，轉向陪審席，立正站好。

4.運動員依主裁判「敬禮」的口令與動作向陪審敬禮。

5.主裁判宣布勝隊。

6.退場。

## 第十四條　得分

㈠、用拳擊中身體的中間部位，為一次成功的擊打，得1分。

㈡、用腳踢中面部或身體的中間部位，為一次成功踢擊，得1

分。

（三）、用腳或拳擊中肚臍以上部分（禁擊部位除外），而使對方跌倒。為一次成功的進攻，得 1 分。

（四）、如果得分相同，則通過下列有關優勢的規定判定勝負。

1.用腳或拳擊倒對方使其被數秒的技術優於任何其它的技術。

2.一次腳技優於一次手技。

3.一次騰空踢擊優於一次站立踢擊。

4.一次踢面優於一次踢身體。

5.如還是相同，則積極主動進攻者獲勝。

（五）、有效攻擊後，自行跌倒或有抱握對手妨礙其反擊的行為，則先前的有效進攻不得分。

術語解釋：

1.擊打技術：用正規的拳直線擊打的技術。

2.身體中間部分：除背部外，從乳頭以下到腹部的身體前部。

3.面部：從前額到下頦下面的鎖骨部分，以及兩耳間的部分。

4.踢擊技術：使用踝關節以下腳的任何部分的進攻技術。

5.成功的進攻：用符合跆拳道標準技術的拳法和腿法，攻擊允許擊打的部位，使對方產生搖晃，為一次成功的進攻。

## 第十五條　　扣分

運動員有下列犯規行為時，將被扣除 1 分（主裁判應暫停比賽，宣布扣分）。扣分將被累計，當一名運動員累計扣分達 3 次，將取消其比賽資格，宣布對方獲勝。

（一）、攻擊已倒地的對手。

（二）、用拳或手進攻打傷對手的面部。

（三）、用頭撞擊對方。

㈣、主裁判宣布「分開」的口令後，仍故意攻擊對方。

㈤、運動員或教練員有不檢行爲，或粗魯不雅的言詞。

## 第十六條　警告

運動員有下列犯規行爲時，主裁判將給予警告並扣除 0.5 分（主裁判應暫停比賽，宣布扣分）。警告將被累計，當一名運動員累計警告達 6 次，將取消其比賽資格，宣布對方獲勝。

㈠、摟抱對方。

㈡、背逃的行爲。

㈢、逾越競技線。

㈣、用膝攻擊。

㈤、摔倒對方。

㈥、假裝受傷。

㈦、連續圍繞境界線附近的行爲。

㈧、攻擊對方襠部。

㈨、用手、肩或身體推撞對方。

㈩、故意倒地。

(十一)、用拳攻擊對方的面部。

(十二)、運動員或教練員有不合情理的言行。

## 第十七條　比賽結果的判定

比賽結果按下列情況判定。

㈠、因對方喪失競賽資格而獲勝。

㈡、因對方棄權而獲勝。

㈢、因對方受傷而獲勝。

㈣、因對方被擊倒而獲勝。

㈤、因比賽得分而獲勝。

㈥、因對方扣分而獲勝。

㈦、因比賽優勢而獲勝。

㈧、因主裁判宣布終止比賽而獲勝爲 RSC。

1.當主裁判或大會醫生裁定比賽不能繼續進行時。

2.當一方教練員將毛巾拋入競技區內時。

3.當一次運動員在比賽中，抗議主裁判的判決時，若該運動員不遵從主裁判「繼續」的比賽口令，或遲延達 1 分鐘時，主裁判將引用 RSC 宣告對方獲勝。

## 第十八條　被擊倒（KD）後的措施

當運動員被擊倒（KD）時，主裁判將採取下列措施。

㈠、宣布「分開」，立即阻止運動員繼續進攻，並使其遠離 KD 運動員。

㈡、主裁判在 KD 運動員身邊，大聲自一數至十，每數間隔 1 秒鐘，並以手勢表示經過的秒數。

㈢、數完 10 秒，而 KD 運動員仍無法恢復對陣時，主裁判宣布其對方運動員以 KD 獲勝。

㈣、當主裁判數至「八」，KD 運動員已可站立，而在數至「十」時，已回到原比賽位置，並表示繼續比賽意願時，主裁判應立即檢查該運動員是否確已恢復，然後宣布比賽繼續。

㈤、主裁判數秒，不因比賽時間的終止而停止，而應在數完「十」秒後，宣布對方以 KD 獲勝。

㈥、當雙方運動員同時倒地，而其中一方尚未恢復時，主裁判應繼續數秒。

㈦、當雙方運動員同時倒地，數完「十」秒後，雙方均未恢復

時，應根據倒地前的得分判定勝負。

㈧、當運動員因面部被擊中而 KD 時，主裁判應召請大會醫生入場對運動員進行身體檢查。

㈨、當運動員因犯規動作而發生 KD 時，主裁判應採取下列措施：

1.當一方運動員被對方用手或拳擊傷面部而發生 KD 時，主裁判應判攻擊者失敗。

2.當運動員的襠部被攻擊而發生 KD 時，則判 KD 的運動員失敗、但若發現對方是蓄意攻擊時，主裁判則應判決攻擊者失敗。

3.主裁判喊「分開」的口令後，一方運動員仍故意攻擊，使對方 KD，1 分鐘內不能繼續比賽時，主裁判應取消攻擊者的比賽資格，而宣布被 KD 的運動員獲勝。

㈩、當主裁判難以判斷時，按下列辦法判定：

1.主裁判可徵詢大會醫生的意見。

2.主裁判可以與邊裁判員合議，然後做出判定。

㈢、比賽中，由於頭部受傷而倒地不起者，在以後 30 天內，不許參加任何比賽。如果已恢復並能參加下次比賽者，在賽前必須經過國家醫學委員會醫生的檢查。

術語解釋：

1.擊倒（KD）

根據下列情況判為擊倒：

⑴運動員除腳以外，身體的任何部位接觸地面時。

⑵當運動員跌倒或搖晃站立失去進攻意識時。

2.擊倒後不能繼續比賽（KO）

運動員被擊倒後，主裁判數完「十」秒後，仍不能繼續比賽時。

## 第十九條　因受傷而中止比賽的辦法

比賽中，一方或雙方運動員，因受傷不能繼續比賽時，主裁判宣布「分開」以暫停比賽，並採取下列措施。

㈠、主裁判向計時員宣布「時間暫停」，計時員立即暫停計時。

㈡、主裁判檢查運動員的受傷情況，決定比賽是否繼續進行。

1.不再繼續比賽

⑴主裁判取消故意犯規而使對方受傷的運動員的比賽資格。

⑵當受傷原因難以判斷時，主裁判根據受傷前雙方運動員的得分判定勝負。

2.經急救後繼續比賽

⑴主裁判允許運動員獲得不超過1分鐘的緊急救護。

⑵受傷運動員超過1分鐘後仍無法回到競技區表示願繼續比賽，主裁判應判其失敗。

㈢、當主裁判判斷有困難時，按下列原則判定：

1.主裁判可徵詢大會醫生的意見，作出判定。

2.主裁判可與邊裁判員合議後，作出判定。

## 第二十條　裁判員（陪審裁判團、主裁判、邊裁判員)

㈠、資格

1.必須是持有各級國際裁判員證書者。

2.陪審必須是一級國際裁判，主裁判必須是二級國際裁判，邊裁判必須是三級國際裁判。但上述限制可根據實際情況改變。

㈡、職責

1.陪審裁判

⑴陪審監督整個比賽過程。

(2)核實主裁判宣判的警告與扣分，以及主裁判和邊裁判員的評分表，以判定勝負。每局的有效得分須多數裁判員，包括主裁判的認可。

(3)當確認主裁判或邊裁判員錯判時，陪審可以向世界跆拳道聯盟執委會或它的代表遞交正確的判決申請。

(4)發現主裁判或邊裁判有錯誤時，錯判要在該場比賽結束前糾正：

　　①由於誤解，而錯舉運動員的手時。

　　②由於邊裁判員評分表的計算錯誤，而導致錯判時。

　2.主裁判

(1)主裁判負責控制比賽的進行；宣布比賽的開始與結束、分開與繼續、警告與扣分；宣布勝負、判罰出場；作出停止計時、得分無效的手勢等。

(2)比賽結束時，主裁判應收取各邊裁判員及本人的評分表，送交陪審。

(3)當陪審提出詢問時，主裁判必須對得分、扣分和警告等有關問題，如實作出說明。

　3.邊裁判員

(1)邊裁判員將運動員比賽時的得分、扣分及警告等，隨時記入評分表中。

(2)比賽結束時，邊裁判應立即將評分表送交主裁判。

(3)當陪審或主裁判提出詢問時，邊裁判員必須對得分、扣分及警告等有關問題，如實作出說明。

　㈢、裁判員的責任

裁判員的判決，具有最終的絕對性。當對比賽結果有異議時，有關教練在徵得領隊的同意後，可以用書面形式向仲裁委員會提出

抗議。抗議中的有關問題將根據第二十四條有關規定處理。

　㈣、裁判員服裝

裁判員必須穿世界跆拳道聯盟規定的服裝。

　1.普通黃色西裝，在衣服的左胸前貼有世界跆拳道聯盟的標誌。

　2.黃色的襯衫。

　3.深藍色的領帶。

　4.白色的運動鞋。

## 第二十一條　裁判員的組成和分配

　㈠、主裁判1人，邊裁判員4人，陪審2人。但如果需要，可調整為：主裁判1人，邊裁判員2人，陪審1人。

　㈡、大會裁判組，在日程表排定後組成，並於比賽開始前1小時，通知執行該項比賽的裁判員。

　㈢、為確保裁判員中立和公正地判決，與比賽運動員屬同一單位者，不得出任該場比賽的裁判。

## 第二十二條　規則中未說明的其它事宜

在規則中未說明的其它事宜，將按下列辦法處理。

　㈠、和比賽有關的問題，由該場裁判員合議處理。

　㈡、和比賽無關的問題，由執委會或它的代表合議解決。

## 第二十三條　裁判員記分表和記錄

　㈠、數得分次數、扣分次數、警告次數用斜線進行記錄：「/」、「//」、「///」等。

　㈡、每局出現平分時，在優勢的一方打上一個「✓」的記號。

## 第二十四條　抗議

㈠、比賽開始前，世界跆拳道聯盟執委會主席任命由下列人員組成的仲裁委員會。

1.1 名主任。

2.不超過 6 名委員。

㈡、仲裁委員會的組成

1.仲裁委員會主任，須由世界跆拳道聯盟秘書長推荐，經世界跆拳道聯盟執委會主席的批準。

2.世界跆拳道聯盟技術委員會主任是仲裁委員會的當然委員。

3.抗議由仲裁委員會主任和三個不同國家的委員進行審議，有關當事者不參加審議。

㈢、仲裁委員會主任有權採取下列措施。

1.在發現故意錯判時：

(1)糾正錯判。

(2)故意錯判 的裁判員將被取消國際裁判的資格。

2.由於裁判員計分有誤或錯用競賽規則而錯判時：

(1)糾正錯判。

(2)犯錯誤的裁判員將受到停止參加 3 次國際級錦標賽的處分。

㈣在這條中沒有規定的其它問題將由仲裁委員會討論決定。

㈤抗議的程序

1.對比賽結果有異議時，賽後，教練員可根據第二十條第三款的規定遞交抗議書。

2.接到抗議書，當認爲抗議是合理時，仲裁委員會主任將召開緊急會議，並審議結果，在下場比賽開始前用書面通知有關雙方。

3.仲裁委員會的委員應公正合理地審議抗議書，並可以召集陪

審、主裁判、邊裁判員和有關運動員調查事實情況。

　　仲裁委員會作出最終裁決後，不得再作進一步的上訴。

## 大展出版社有限公司
## 品冠文化出版社

### 圖書目錄

地址：台北市北投區（石牌）
　　　致遠一路二段 12 巷 1 號
郵撥：01669551＜大展＞

電話：(02)28236031
　　　　　28236033
傳真：(02)28272069

## 法律專欄連載・大展編號 58

台大法學院　　　法律學系／策劃
　　　　　　　　法律服務社／編著

| | | |
|---|---|---|
| 1. 別讓您的權利睡著了(1) | | 200 元 |
| 2. 別讓您的權利睡著了(2) | | 200 元 |

## ・生 活 廣 場・品冠編號 61・

| | | | |
|---|---|---|---|
| 1. | 366 天誕生星 | 李芳黛譯 | 280 元 |
| 2. | 366 天誕生花與誕生石 | 李芳黛譯 | 280 元 |
| 3. | 科學命相 | 淺野八郎著 | 220 元 |
| 4. | 已知的他界科學 | 陳蒼杰譯 | 220 元 |
| 5. | 開拓未來的他界科學 | 陳蒼杰譯 | 220 元 |
| 6. | 世紀末變態心理犯罪檔案 | 沈永嘉譯 | 240 元 |
| 7. | 366 天開運年鑑 | 林廷宇編著 | 230 元 |
| 8. | 色彩學與你 | 野村順一著 | 230 元 |
| 9. | 科學手相 | 淺野八郎著 | 230 元 |
| 10. | 你也能成為戀愛高手 | 柯富陽編著 | 220 元 |
| 11. | 血型與十二星座 | 許淑瑛編著 | 230 元 |
| 12. | 動物測驗—人性現形 | 淺野八郎著 | 200 元 |
| 13. | 愛情、幸福完全自測 | 淺野八郎著 | 200 元 |
| 14. | 輕鬆攻佔女性 | 趙奕世編著 | 230 元 |
| 15. | 解讀命運密碼 | 郭宗德著 | 200 元 |
| 16. | 由客家了解亞洲 | 高木桂藏著 | 220 元 |

## ・女醫師系列・品冠編號 62

| | | | |
|---|---|---|---|
| 1. | 子宮內膜症 | 國府田清子著 | 200 元 |
| 2. | 子宮肌瘤 | 黑島淳子著 | 200 元 |
| 3. | 上班女性的壓力症候群 | 池下育子著 | 200 元 |
| 4. | 漏尿、尿失禁 | 中田真木著 | 200 元 |
| 5. | 高齡生產 | 大鷹美子著 | 200 元 |
| 6. | 子宮癌 | 上坊敏子著 | 200 元 |

| 7. 避孕 | 早乙女智子著 | 200 元 |
| 8. 不孕症 | 中村春根著 | 200 元 |
| 9. 生理痛與生理不順 | 堀口雅子著 | 200 元 |
| 10. 更年期 | 野末悅子著 | 200 元 |

## ·傳統民俗療法· 品冠編號 63

| 1. 神奇刀療法 | 潘文雄著 | 200 元 |
| 2. 神奇拍打療法 | 安在峰著 | 200 元 |
| 3. 神奇拔罐療法 | 安在峰著 | 200 元 |
| 4. 神奇艾灸療法 | 安在峰著 | 200 元 |
| 5. 神奇貼敷療法 | 安在峰著 | 200 元 |
| 6. 神奇薰洗療法 | 安在峰著 | 200 元 |
| 7. 神奇耳穴療法 | 安在峰著 | 200 元 |
| 8. 神奇指針療法 | 安在峰著 | 200 元 |
| 9. 神奇藥酒療法 | 安在峰著 | 200 元 |
| 10. 神奇藥茶療法 | 安在峰著 | 200 元 |
| 11. 神奇推拿療法 | 張貴荷著 | 200 元 |

## ·彩色圖解保健· 品冠編號 64

| 1. 瘦身 | 主婦之友社 | 300 元 |
| 2. 腰痛 | 主婦之友社 | 300 元 |
| 3. 肩膀痠痛 | 主婦之友社 | 300 元 |
| 4. 腰、膝、腳的疼痛 | 主婦之友社 | 300 元 |
| 5. 壓力、精神疲勞 | 主婦之友社 | 300 元 |
| 6. 眼睛疲勞、視力減退 | 主婦之友社 | 300 元 |

## ·心 想 事 成· 品冠編號 65

| 1. 魔法愛情點心 | 結城莫拉著 | 120 元 |
| 2. 可愛手工飾品 | 結城莫拉著 | 120 元 |
| 3. 可愛打扮 & 髮型 | 結城莫拉著 | 120 元 |
| 4. 撲克牌算命 | 結城莫拉著 | 120 元 |

## ·少年偵探· 品冠編號 66

| 1. 怪盜二十面相 | 江戶川亂步著 | 特價 189 元 |
| 2. 少年偵探團 | 江戶川亂步著 | 特價 189 元 |
| 3. 妖怪博士 | 江戶川亂步著 | 特價 189 元 |
| 4. 大金塊 | 江戶川亂步著 | 特價 230 元 |
| 5. 青銅魔人 | 江戶川亂步著 | 特價 230 元 |
| 6. 地底魔術王 | 江戶川亂步著 | 特價 230 元 |

| | | | |
|---|---|---|---|
| 7. | 透明怪人 | 江戶川亂步著 | 特價 230 元 |
| 8. | 怪人四十面相 | 江戶川亂步著 | 特價 230 元 |
| 9. | 宇宙怪人 | 江戶川亂步著 | 特價 230 元 |
| 10. | 恐怖的鐵塔王國 | 江戶川亂步著 | 特價 230 元 |
| 11. | 灰色巨人 | 江戶川亂步著 | 特價 230 元 |
| 12. | 海底魔術師 | 江戶川亂步著 | 特價 230 元 |
| 13. | 黃金豹 | 江戶川亂步著 | |
| 14. | 魔法博士 | 江戶川亂步著 | |
| 15. | 馬戲怪人 | 江戶川亂步著 | |
| 16. | 魔人銅鑼 | 江戶川亂步著 | |
| 17. | 魔法人偶 | 江戶川亂步著 | |
| 18. | 奇面城的秘密 | 江戶川亂步著 | |
| 19. | 夜光人 | 江戶川亂步著 | |
| 20. | 塔上的魔術師 | 江戶川亂步著 | |
| 21. | 鐵人 Q | 江戶川亂步著 | |
| 22. | 假面恐怖王 | 江戶川亂步著 | |
| 23. | 電人 M | 江戶川亂步著 | |
| 24. | 二十面相的詛咒 | 江戶川亂步著 | |
| 25. | 飛天二十面相 | 江戶川亂步著 | |
| 26. | 黃金怪獸 | 江戶川亂步著 | |

## ·武 術 特 輯· 大展編號 10

| | | | |
|---|---|---|---|
| 1. | 陳式太極拳入門 | 馮志強編著 | 180 元 |
| 2. | 武式太極拳 | 郝少如編著 | 200 元 |
| 3. | 練功十八法入門 | 蕭京凌編著 | 120 元 |
| 4. | 教門長拳 | 蕭京凌編著 | 150 元 |
| 5. | 跆拳道 | 蕭京凌編譯 | 180 元 |
| 6. | 正傳合氣道 | 程曉鈴譯 | 200 元 |
| 7. | 圖解雙節棍 | 陳銘遠著 | 150 元 |
| 8. | 格鬥空手道 | 鄭旭旭編著 | 200 元 |
| 9. | 實用跆拳道 | 陳國榮編著 | 200 元 |
| 10. | 武術初學指南 | 李文英、解守德編著 | 250 元 |
| 11. | 泰國拳 | 陳國榮著 | 180 元 |
| 12. | 中國式摔跤 | 黃 斌編著 | 180 元 |
| 13. | 太極劍入門 | 李德印編著 | 180 元 |
| 14. | 太極拳運動 | 運動司編 | 250 元 |
| 15. | 太極拳譜 | 清·王宗岳等著 | 280 元 |
| 16. | 散手初學 | 冷 峰編著 | 200 元 |
| 17. | 南拳 | 朱瑞琪編著 | 180 元 |
| 18. | 吳式太極劍 | 王培生著 | 200 元 |
| 19. | 太極拳健身與技擊 | 王培生著 | 250 元 |
| 20. | 秘傳武當八卦掌 | 狄兆龍著 | 250 元 |
| 21. | 太極拳論譚 | 沈 壽著 | 250 元 |

## ·原地太極拳系列· 大展編號 11

## · 名 師 出 高 徒 · 大展編號 111

## ・實用武術技擊・ 大展編號 112

| | | | |
|---|---|---|---|
| 1. | 實用自衛拳法 | 溫佐惠著 | 250 元 |
| 2. | 搏擊術精選 | 陳清山等著 | 220 元 |
| 3. | 秘傳防身絕技 | 陳炳崑著 | 230 元 |

## ・道 學 文 化・ 大展編號 12

| | | | |
|---|---|---|---|
| 1. | 道在養生：道教長壽術 | 郝　勤等著 | 250 元 |
| 2. | 龍虎丹道：道教內丹術 | 郝　勤著 | 300 元 |
| 3. | 天上人間：道教神仙譜系 | 黃德海著 | 250 元 |
| 4. | 步罡踏斗：道教祭禮儀典 | 張澤洪著 | 250 元 |
| 5. | 道醫窺秘：道教醫學康復術 | 王慶餘等著 | 250 元 |
| 6. | 勸善成仙：道教生命倫理 | 李　剛著 | 250 元 |
| 7. | 洞天福地：道教宮觀勝境 | 沙銘壽著 | 250 元 |
| 8. | 青詞碧簫：道教文學藝術 | 楊光文等著 | 250 元 |
| 9. | 沈博絕麗：道教格言精粹 | 朱耕發等著 | 250 元 |

## ・易 學 智 慧・ 大展編號 122

| | | | |
|---|---|---|---|
| 1. | 易學與管理 | 余敦康主編 | 250 元 |
| 2. | 易學與養生 | 劉長林等著 | 300 元 |
| 3. | 易學與美學 | 劉綱紀等著 | 300 元 |
| 4. | 易學與科技 | 董光壁著 | 280 元 |
| 5. | 易學與建築 | 韓增祿著 | 280 元 |
| 6. | 易學源流 | 鄭萬耕著 | 280 元 |
| 7. | 易學的思維 | 傅雲龍等著 | 250 元 |
| 8. | 周易與易圖 | 李　申著 | 250 元 |

## ・神 算 大 師・ 大展編號 123 。

| | | | |
|---|---|---|---|
| 1. | 劉伯溫神算兵法 | 應　涵編著 | 280 元 |
| 2. | 姜太公神算兵法 | 應　涵編著 | 280 元 |
| 3. | 鬼谷子神算兵法 | 應　涵編著 | 280 元 |
| 4. | 諸葛亮神算兵法 | 應　涵編著 | 280 元 |

## ・秘傳占卜系列・ 大展編號 14

| | | | |
|---|---|---|---|
| 1. | 手相術 | 淺野八郎著 | 180 元 |
| 2. | 人相術 | 淺野八郎著 | 180 元 |
| 3. | 西洋占星術 | 淺野八郎著 | 180 元 |
| 4. | 中國神奇占卜 | 淺野八郎著 | 150 元 |

## ・趣味心理講座・大展編號 15

## ・婦 幼 天 地・大展編號 16

## ・青春天地・大展編號 17

## ・健 康 天 地・ 大展編號 18

| 95. 催眠健康法 | 蕭京凌編著 | 180元 |
|---|---|---|
| 96. 鬱金（美王）治百病 | 水野修一著 | 180元 |
| 97. 醫藥與生活㈢ | 鄭炳全著 | 200元 |

## · 實用女性學講座 · 大展編號 19

| 1. 解讀女性內心世界 | 島田一男著 | 150元 |
|---|---|---|
| 2. 塑造成熟的女性 | 島田一男著 | 150元 |
| 3. 女性整體裝扮學 | 黃靜香編著 | 180元 |
| 4. 女性應對禮儀 | 黃靜香編著 | 180元 |
| 5. 女性婚前必修 | 小野十傳著 | 200元 |
| 6. 徹底瞭解女人 | 田口二州著 | 180元 |
| 7. 拆穿女性謊言 88 招 | 島田一男著 | 200元 |
| 8. 解讀女人心 | 島田一男著 | 200元 |
| 9. 俘獲女性絕招 | 志賀貢著 | 200元 |
| 10. 愛情的壓力解套 | 中村理英子著 | 200元 |
| 11. 妳是人見人愛的女孩 | 廖松濤編著 | 200元 |

## · 校園系列 · 大展編號 20

| 1. 讀書集中術 | 多湖輝著 | 180元 |
|---|---|---|
| 2. 應考的訣竅 | 多湖輝著 | 150元 |
| 3. 輕鬆讀書贏得聯考 | 多湖輝著 | 180元 |
| 4. 讀書記憶秘訣 | 多湖輝著 | 180元 |
| 5. 視力恢復！超速讀術 | 江錦雲譯 | 180元 |
| 6. 讀書 36 計 | 黃柏松編著 | 180元 |
| 7. 驚人的速讀術 | 鐘文訓編著 | 170元 |
| 8. 學生課業輔導良方 | 多湖輝著 | 180元 |
| 9. 超速讀超記憶法 | 廖松濤編著 | 180元 |
| 10. 速算解題技巧 | 宋釗宜編著 | 200元 |
| 11. 看圖學英文 | 陳炳崑編著 | 200元 |
| 12. 讓孩子最喜歡數學 | 沈永嘉譯 | 180元 |
| 13. 催眠記憶術 | 林碧清譯 | 180元 |
| 14. 催眠速讀術 | 林碧清譯 | 180元 |
| 15. 數學式思考學習法 | 劉淑錦譯 | 200元 |
| 16. 考試憑要領 | 劉孝暉著 | 180元 |
| 17. 事半功倍讀書法 | 王毅希著 | 200元 |
| 18. 超金榜題名術 | 陳蒼杰譯 | 200元 |
| 19. 靈活記憶術 | 林耀慶編著 | 180元 |
| 20. 數學增強要領 | 江修楨編著 | 180元 |

## ·實用心理學講座· 大展編號 21

| | | | |
|---|---|---|---|
| 1. | 拆穿欺騙伎倆 | 多湖輝著 | 140 元 |
| 2. | 創造好構想 | 多湖輝著 | 140 元 |
| 3. | 面對面心理術 | 多湖輝著 | 160 元 |
| 4. | 偽裝心理術 | 多湖輝著 | 140 元 |
| 5. | 透視人性弱點 | 多湖輝著 | 180 元 |
| 6. | 自我表現術 | 多湖輝著 | 180 元 |
| 7. | 不可思議的人性心理 | 多湖輝著 | 180 元 |
| 8. | 催眠術入門 | 多湖輝著 | 150 元 |
| 9. | 責罵部屬的藝術 | 多湖輝著 | 150 元 |
| 10. | 精神力 | 多湖輝著 | 150 元 |
| 11. | 厚黑說服術 | 多湖輝著 | 150 元 |
| 12. | 集中力 | 多湖輝著 | 150 元 |
| 13. | 構想力 | 多湖輝著 | 150 元 |
| 14. | 深層心理術 | 多湖輝著 | 160 元 |
| 15. | 深層語言術 | 多湖輝著 | 160 元 |
| 16. | 深層說服術 | 多湖輝著 | 180 元 |
| 17. | 掌握潛在心理 | 多湖輝著 | 160 元 |
| 18. | 洞悉心理陷阱 | 多湖輝著 | 180 元 |
| 19. | 解讀金錢心理 | 多湖輝著 | 180 元 |
| 20. | 拆穿語言圈套 | 多湖輝著 | 180 元 |
| 21. | 語言的內心玄機 | 多湖輝著 | 180 元 |
| 22. | 積極力 | 多湖輝著 | 180 元 |

## ·超現實心靈講座· 大展編號 22

| | | | |
|---|---|---|---|
| 1. | 超意識覺醒法 | 詹蔚芬編譯 | 130 元 |
| 2. | 護摩秘法與人生 | 劉名揚編譯 | 130 元 |
| 3. | 秘法！超級仙術入門 | 陸明譯 | 150 元 |
| 4. | 給地球人的訊息 | 柯素娥編著 | 150 元 |
| 5. | 密教的神通力 | 劉名揚編著 | 130 元 |
| 6. | 神秘奇妙的世界 | 平川陽一著 | 200 元 |
| 7. | 地球文明的超革命 | 吳秋嬌譯 | 200 元 |
| 8. | 力量石的秘密 | 吳秋嬌譯 | 180 元 |
| 9. | 超能力的靈異世界 | 馬小莉譯 | 200 元 |
| 10. | 逃離地球毀滅的命運 | 吳秋嬌譯 | 200 元 |
| 11. | 宇宙與地球終結之謎 | 南山宏著 | 200 元 |
| 12. | 驚世奇功揭秘 | 傅起鳳著 | 200 元 |
| 13. | 啟發身心潛力心象訓練法 | 栗田昌裕著 | 180 元 |
| 14. | 仙道術遁甲法 | 高藤聰一郎著 | 220 元 |
| 15. | 神通力的秘密 | 中岡俊哉著 | 180 元 |
| 16. | 仙人成仙術 | 高藤聰一郎著 | 200 元 |

## ・養 生 保 健・大展編號 23

## ・精選系列・大展編號 25

國家圖書館出版品預行編目資料

實用跆拳道 / 陳國榮 編著.
－初版－臺北市：大展 ， 民 83
面 ； 21 公分 －（武術特輯；9）
ISBN 957-557-456-7（平裝）

1. 太極拳

528.977 　　　　　　　　　　　　　83005908

行政院新聞局局版臺陸字第 100131 核准
北京人民體育出版社授權中文繁體字版

# 實用跆拳道

ISBN 957-557-456-7

編 著 者 / 陳 國 榮
發 行 人 / 蔡 森 明
出 版 者 / 大展出版社有限公司
社 　　址 / 台北市北投區（石牌）致遠一路 2 段 12 巷 1 號
電 　　話 / （02）28236031・28236033・28233123
傳 　　真 / （02）28272069
郵政劃撥 / 01669551
E－mail / dah-jaan@ms9.tisnet.net.tw
登 記 證 / 局版臺業字第 2171 號
承 印 者 / 國順文具印刷行
裝 　　訂 / 嶸興裝訂有限公司
排 版 者 / 千兵企業有限公司
初版 1 刷 / 1994 年（民 83 年） 8 月
初版 2 刷 / 1997 年（民 86 年） 5 月
初版 3 刷 / 2000 年（民 89 年） 3 月
初版 4 刷 / 2002 年（民 91 年） 7 月

定價 / 200 元